어린이를 위한
조선 지식인의
말하기 노트

일러두기

1. 한국고전번역원의 자료를 참고하였다.
2. 본문 중 고전 번역문은 어린이를 위해 다듬었다.
3. 고전 번역문의 끝에 지은이, 출전, 원제를 밝혔다. 예) 이덕무 《청장관전서》 '간서치전'
4. 각 소제목은 새로 만들어 달았다. 예) 간서치, 책만 보는 바보
5. 인물정보와 문헌정보 등을 더해 이해를 돕고자 하였다.
6. 그림 작가의 작품을 통해 우리 전통의 아름다움을 느낄 수 있게 하였다.

어린이를 위한 조선 지식인의 말하기 노트

발 행 일　2014년 7월 30일 (1판 1쇄)

글 쓴 이　엄윤숙
그림원화　한주리
디 자 인　김혜영
발 행 인　유현종

발 행 처　포럼
등　　록　2003년 11월 27일 (제406-2012-000053호)
주　　소　경기도 파주시 탄현면 새오리로 237
전　　화　02-337-3767
팩　　스　02-337-3731
이 메 일　eforum@korea.com

ⓒ 엄윤숙, 2014
ISBN 978-89-92409-72-8 (73810)

이 책은 저작권법에 따라 보호받는 저작물이므로 무단전재와 무단복제를 금하며,
이 책의 전부 또는 일부를 이용하려면 반드시 저작권자와 포럼의 서면동의를 받아야 합니다.

※ 책값은 뒤표지에 있습니다.
※ 잘못된 책은 바꾸어 드립니다.

이 도서의 국립중앙도서관 출판예정도서목록(CIP)은 서지정보유통지원시스템 홈페이지(http://seoji.nl.go.kr)와 국가자료
공동목록시스템(http://www.nl.go.kr/kolisnet)에서 이용하실 수 있습니다.(CIP제어번호: CIP2014020606)

어린이를 위한
조선 지식인의
말하기 노트

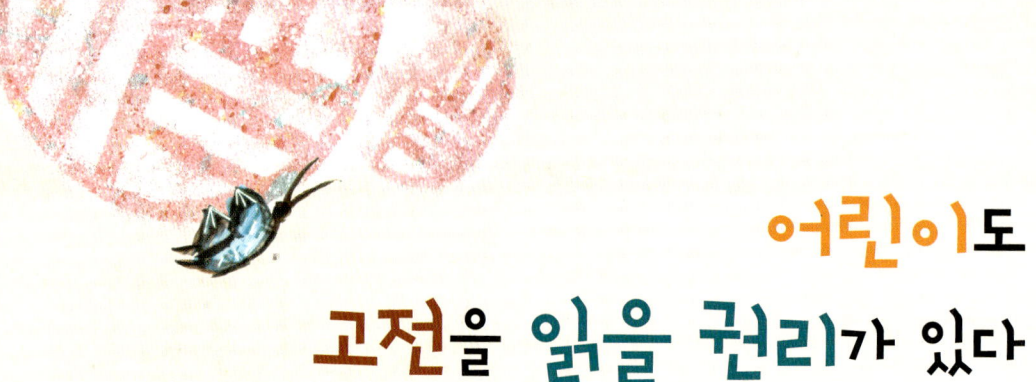

어린이도 고전을 읽을 권리가 있다

《조선 지식인의 말하기 노트》를 어린이들이 읽을 수 있도록 만들어 달라는 독자들의 요청이 있었다. 한편, 고전을 읽는다는 것이 어른에게도 어려운데, 어린이에게는 무리가 아닐까 염려하는 목소리도 있었다. 요청과 염려 사이에서 고민에 빠졌다. 결국 어린이도 고전을 읽을 권리가 있다는 것이 고전연구회 사암의 결론이다.

《어린이를 위한 조선 지식인의 말하기 노트》는 '어린이들이 고전을 직접 읽는다'는 것을 목표로 삼았다. 원문의 뜻과 분위기를 유지하면서 한문 번역체의 표현은 정갈하게 다듬으려고 노력했다. 또 간단한 설명을 붙여, 어린이들이 고전을 읽는 데 도움을 주고자 하였다.

나는 어린이들의 능력을 믿는다. 지레짐작으로 어려울 거라는 걱정을 버리기만 한다면, 어린이들도 읽을 수 있다고 생각한다. 나에게는 또 하나 믿음이 있다. 누구나 고전을 직접 보고 듣는다면,

고전이 갖는 강한 카리스마와 수려한 아름다움에 흠뻑 빠지리라 믿는다.

《어린이를 위한 조선 지식인의 말하기 노트》는 조선시대 지식인들이 우리 어린이들에게 전해 주는 말하기 비법이다. 하지만 박지원, 이덕무, 이이, 정약용, 정조 임금, 최한기, 홍길주 등 당대 최고의 지식인들이 말하는 말하기 비법은 오히려 너무나 평범하다. '신중하게 말하라', '나쁜 말을 하지 말라', '말한 것은 실천에 옮겨라' 등등. 우리가 이미 다 알고 있는 상식적인 말이다. 뭔가 특별한 것을 기대했다면 실망이 클지도 모르겠다. 하지만 그동안 우리가 평범하고 당연한 것들을 잊어버리고 또 잃어버리고 살지는 않았는지 묻게 되는 소중한 시간이 될 것이다.

우리는 언제나 어디서나 말을 하면서 살아간다. 입으로도 말하고, 눈으로도 말하고, 몸으로도 말하고, 심지어 침묵으로도 말하는 존재가 사람이다. 《어린이를 위한 조선 지식인의 말하기 노트》는 평범하지만 소중한 가르침을 우리에게 전하고 있다. 사람이 곧 말이며, 말이 곧 그 사람임을 조용한 목소리로 말하고 있다.

고전연구회 사암俟巖 대표 엄 윤 숙

말하기 노트를 읽는 순서

머리말
어린이도 고전을 읽을 권리가 있다 4

배움은 바른말에서 시작한다 8
도리에 맞는 말이 아니면 하지 않는다 14
말이란 부드럽고 따뜻해야 한다 20
모두가 '현명하다'고 해도 '아니다'할 줄 알아야 한다 26
다른 사람과 대화할 때의 예절 32

말재주는 믿음과는 거리가 멀다 38
스스로 다 안다고 말하는 사람은 크게 부족한 사람이다 44
말을 듣고 깨우치는 것은 내 마음에 숨은 것을 깨우는 일이다 50
사람이 좋아야 말이 좋다 56
옳고 그름에 대하여 62

말에 관한 우리나라 속담 68
아첨에도 상·중·하가 있다 74
말보다 실천이 먼저이다 82
말[言]이 달리는 길 88
소문으로 사람을 판단하지 말라 94

말과 침묵 100
다른 사람과 소통할 수 있는 이유 106
말해야 할 때와 말하지 않아야 할 때 112
말이 많으면 실수도 많다 118
사람을 사귈 때는 그 사람의 말을 살펴라 124

본마음을 간직하라 130
걸인에게 비렁뱅이라 놀리지 말라 136
말은 마음을 드러낸다 142

친절한 그림읽기 150

🌼 이 글은 정약용이 1819년에 《아언각비》를 지으며 쓴 서문이다. 배움이란 잘못을 깨우치는 바른말에서 시작한다는 내용이다.

배움이란 무엇인가? 배움은 곧 깨달음이다. 깨달음이란 무엇인가? 깨달음은 무엇이 잘못인지를 깨우치는 것이다. 잘못을 깨우치려면 어떻게 해야 하는가? 그것은 바른말로부터 깨우칠 수 있을 뿐이다.

어떤 사람이 쥐를 가리켜 옥돌이라고 말했다가 이윽고 깨우쳐서 "이것은 쥐이다. 내가 잘못 말했다." 하고, 또 어떤 사람이 사슴을 가리켜 말(馬)이라고 했다가 이윽고 깨우쳐서 "이것은 사슴이다. 내가 잘못 말했다."라고 했다. 이렇듯 이미 저지른 잘못을 깨닫고 부끄러워 뉘우치고, 다시 그 잘못을 고쳤을 때 비로소 '배운다'고 할 수 있다.

옥돌 아직 다듬지 않은 옥.

　자신의 몸가짐을 닦는 법을 배우는 사람은 "악한 일은 아무리 작아도 해서는 안 된다."고 말한다. 글을 배우는 사람 역시 악한 일이라면 아무리 작아도 하지 않아야 배움에 발전이 있을 수 있다. 궁벽한 곳에 사는 사람은 배움이 모두 다른 사람에게 전해들은 내용뿐이어서, 거짓되고 잘못된 곳이 많기 때문에 이와 같은 말이 있는 것이다.

　스승이 한 모서리를 들어주면 제자는 나머지 세 모서리를 들어올려야 하고, 또 한 가지를 듣게 되면 열 가지를 알아야 할 책임이 있다. 말을 다 하자면 끝이 없으므로 여기에서는 대강 말한 것일 뿐, 잘못된 말이 이 정도에서 그친다고 할 수는 없다.

정약용 《아언각비》 '서문'

궁벽 매우 후미지고 구석진 곳.

이야기를 더하여

정약용은 앎은 모른다는 것을 깨닫는 것에서 시작한다고 생각했습니다. 그래서 《아언각비》라는 책을 만들었습니다.

《아언각비(雅바를 아, 言말씀 언, 覺깨달을 각, 非아닐 비)》의 뜻은 바른말로 잘못된 점을 깨닫는다는 것입니다. 배움이란 깨닫는 것이고, 잘못된 점을 깨닫는 것은 정확한 말에서 출발하기 때문입니다.

나쁜 일은 아무리 작아도 하지 않아야 하고, 착한 일은 아무리 작아도 해야 합니다. '이렇게 작은 일은 아무도 모를 거야'라는 생각은 큰 잘못입니다.

정약용은 어려운 철학 이야기나 복잡한 정치 이야기만하지 않고, 이렇게 말의 쓰임까지 관심을 가졌습니다. 그 이유는 한 마디의 말에서 잘잘못이 시작한다고 생각했기 때문입니다. 나쁜 말은 아무리 작아도 하지 않아야 하고, 착한 말은 아무리 작아도 해야 합니다.

배움은
모르는 것을 깨닫는 것,
모른다는 것을 깨닫는 것입니다.

가르침은
모르는 것을 알려주는 것,
모른다는 것을 알려주는 것입니다.

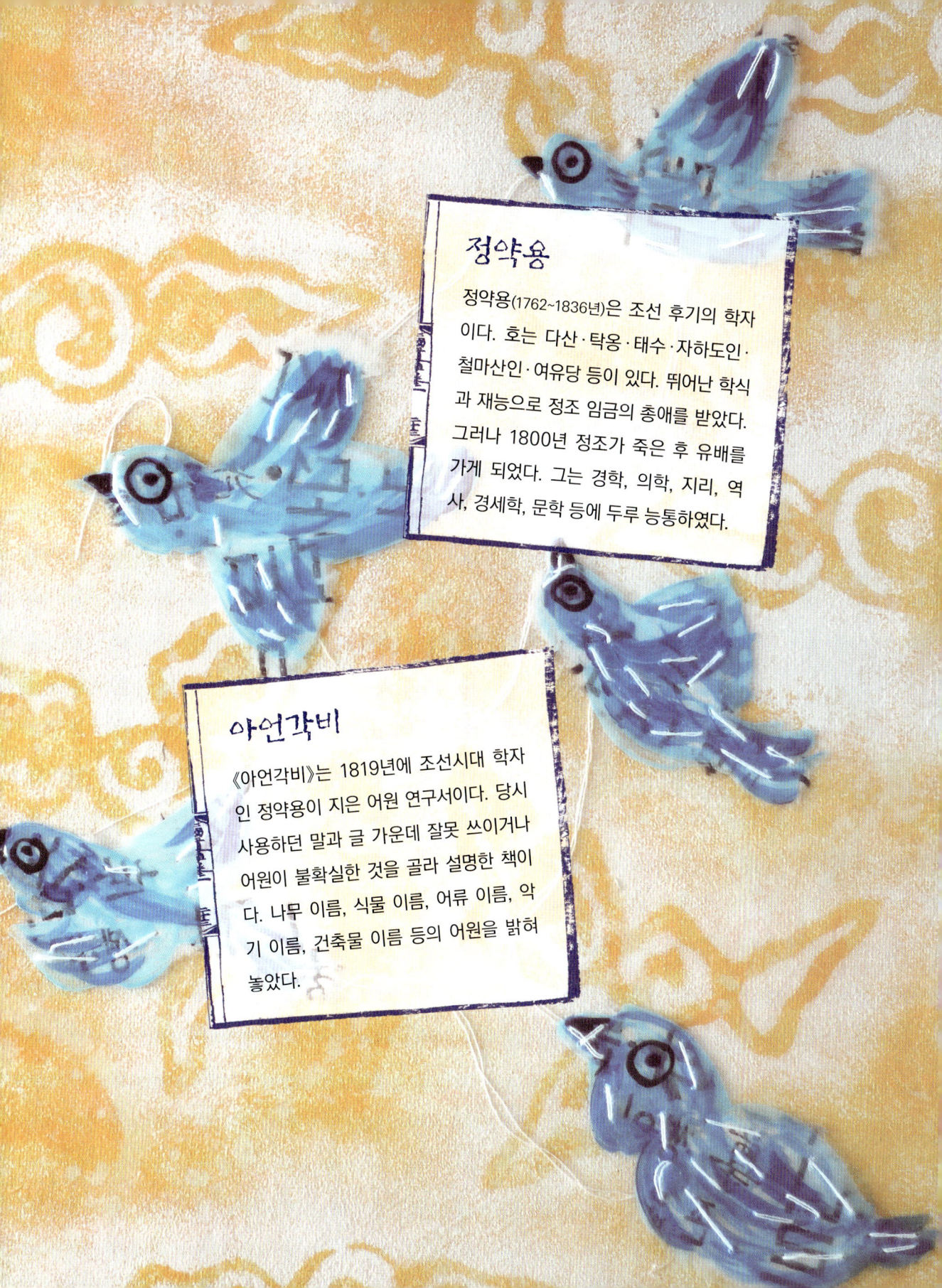

정약용

정약용(1762~1836년)은 조선 후기의 학자이다. 호는 다산·탁옹·태수·자하도인·철마산인·여유당 등이 있다. 뛰어난 학식과 재능으로 정조 임금의 총애를 받았다. 그러나 1800년 정조가 죽은 후 유배를 가게 되었다. 그는 경학, 의학, 지리, 역사, 경세학, 문학 등에 두루 능통하였다.

아언각비

《아언각비》는 1819년에 조선시대 학자인 정약용이 지은 어원 연구서이다. 당시 사용하던 말과 글 가운데 잘못 쓰이거나 어원이 불확실한 것을 골라 설명한 책이다. 나무 이름, 식물 이름, 어류 이름, 악기 이름, 건축물 이름 등의 어원을 밝혀 놓았다.

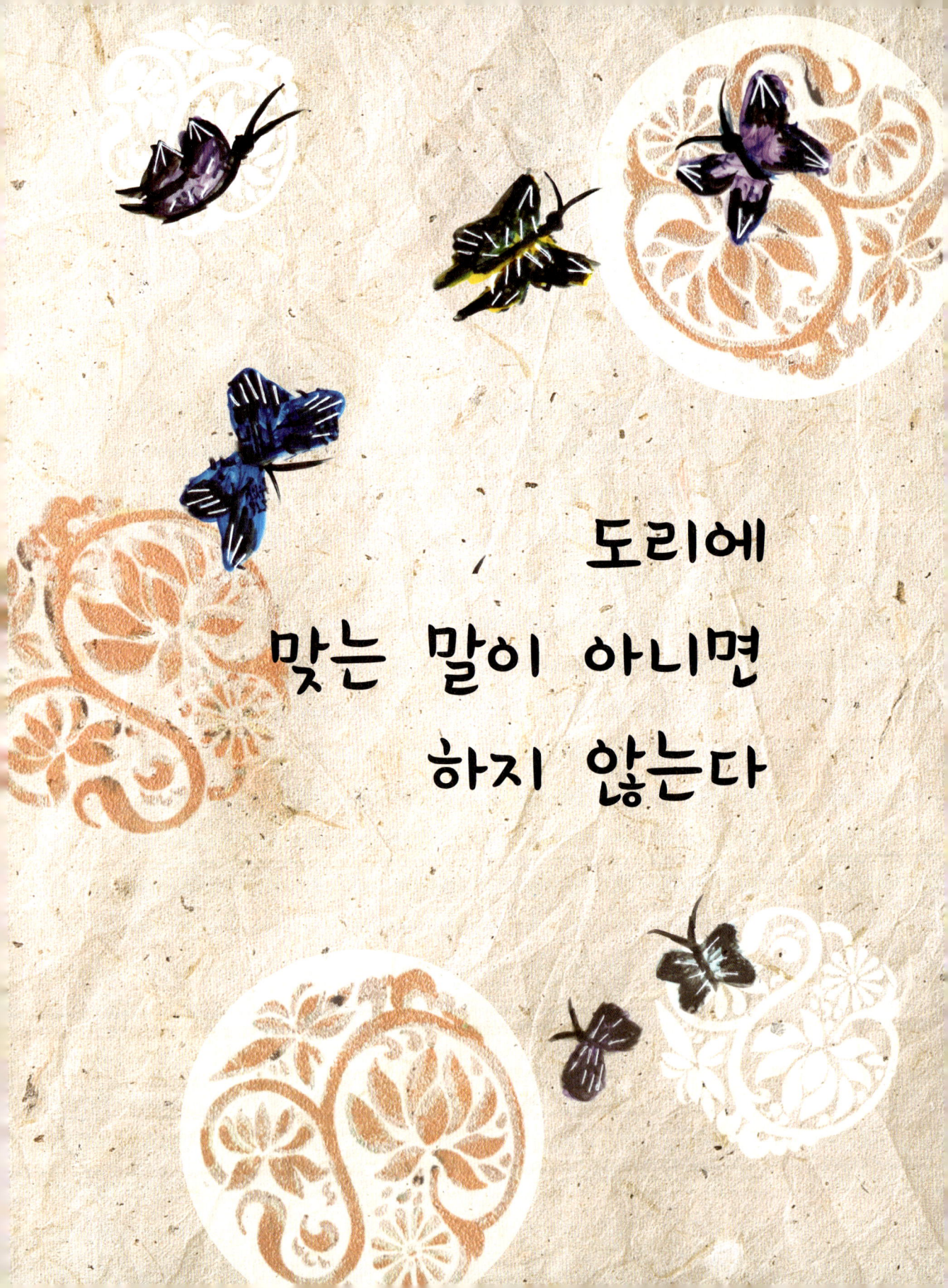

도리에

맞는 말이 아니면

하지 않는다

 이 글은 이이가 자기를 이기는 '극기'에 대해 쓴 것이다. 학문을 처음 시작하는 사람에게 주는 가르침이다.

　　자기를 이기는 공부가 일상생활에서 가장 중요하다. 자기[己]라는 것은 내 마음이 좋아하는 것이 하늘의 이치에 맞지 않는 것을 말한다. 내 마음이 이익을 좋아하는가, 명예를 좋아하는가, 벼슬을 좋아하는가, 편안하게 지내기를 좋아하는가, 놀기를 좋아하는가, 보배를 좋아하는가를 살펴야 한다.

　　좋아하는 것이 하늘의 이치에 맞지 않으면, 한 번에 모든 것을 깨끗이 없애 버려 싹도 남기지 말아야 한다. 그런 뒤에야 내가 좋아하는 것이 하늘의 이치에 맞아, 이겨 낼 자기가 없게 될 것이다.

　　많은 말과 많은 생각이 마음에 가장 해롭다. 일이 없으면 마땅히 조용하게 앉아서 마음을 가다듬고, 사람을 마주하면 마땅히 말을 가려서 간략하고 신중하게 해야 한다. 때에 맞게 말을 하면

보배 귀하고 소중한 물건.

말은 간략하지 않을 수 없다. 말이 간략한 사람이야말로 도리에 가깝다고 하겠다.

 도리에 맞는 옷이 아니면 감히 입지 않고, 도리에 맞는 말이 아니면 감히 말하지 않고, 덕행이 아니면 감히 행동하지 않는다. 이것이야말로 마땅히 목숨이 다 할 때까지 가슴 속에 품고 있어야 할 말이다.

이이 《격몽요결》 '지신장'

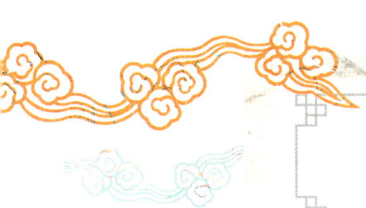

이야기를 더하여

'극기'라는 것은 자신을 이기는 것입니다. 그러려면 자신의 마음을 잘 알아야 합니다. 내 마음이 나를 어디로 데려가는지 살펴야 합니다. 내 마음이 칭찬을 좋아하는지, 놀기를 좋아하는지 알아내는 것이 먼저입니다. 그냥 놔두면 내 마음은 나를 제멋대로 끌고 다닙니다. 내 마음이 어떤 지도 모르면서 그 마음을 이길 수는 없습니다.

옛글에서는 도리가 아니거든 보지 말며, 도리가 아니거든 듣지 말며, 도리가 아니거든 말하지 말며, 도리가 아니거든 움직이지 말라고 했습니다.

그런데 막상 하려고 하니 무엇부터 시작하면 좋을지 모르겠다고 생각하기 쉽습니다. 하지만 우리가 아무 것도 모르는 것이 아닙니다. 이미 알고 있는 것부터 실천하면, 반은 성공한 것입니다. 시간이 지나고 경험이 쌓이면서 자연스럽게 나머지 반이 채워질 것입니다.

간략한 말은
무조건 길이가 짧은 말이 아니라
때와 장소를 아는 것입니다.

신중한 말은
할까 말까 눈치를 보는 말이 아니라
할 말과 하지 말아야 할 말을 아는 것입니다.

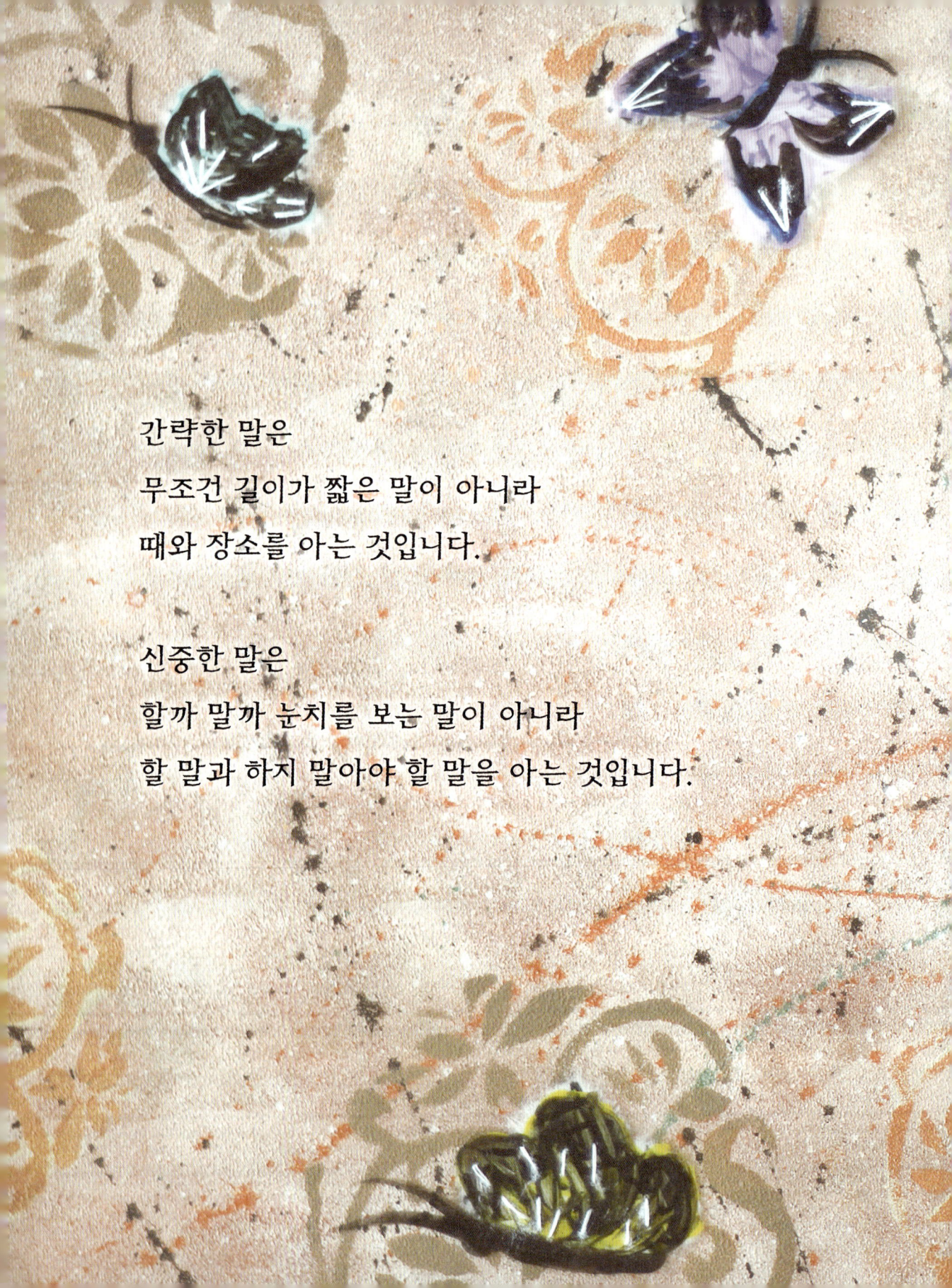

이이

이이(1536~1584년)는 조선 중기의 문신·학자이다. 호는 율곡·석담·우재이다. 금강산에 들어가 불교를 공부하다가 하산하여 유학에 몰두했다. 저서로는 《성학집요》·《격몽요결》·《경연일기》 등이 있다.

격몽요결

《격몽요결》은 1577년에 이이가 학문을 시작하는 사람들을 위해 만든 책이다. 해주에서 학생들을 가르친 경험을 바탕으로 기초교육에 대해 정리한 것이다.
《격몽요결》은 국왕의 학문을 위한 《성학집요》, 교육을 위한 《학교모범》과 함께 이이의 주요 업적으로 평가받는 책이다.

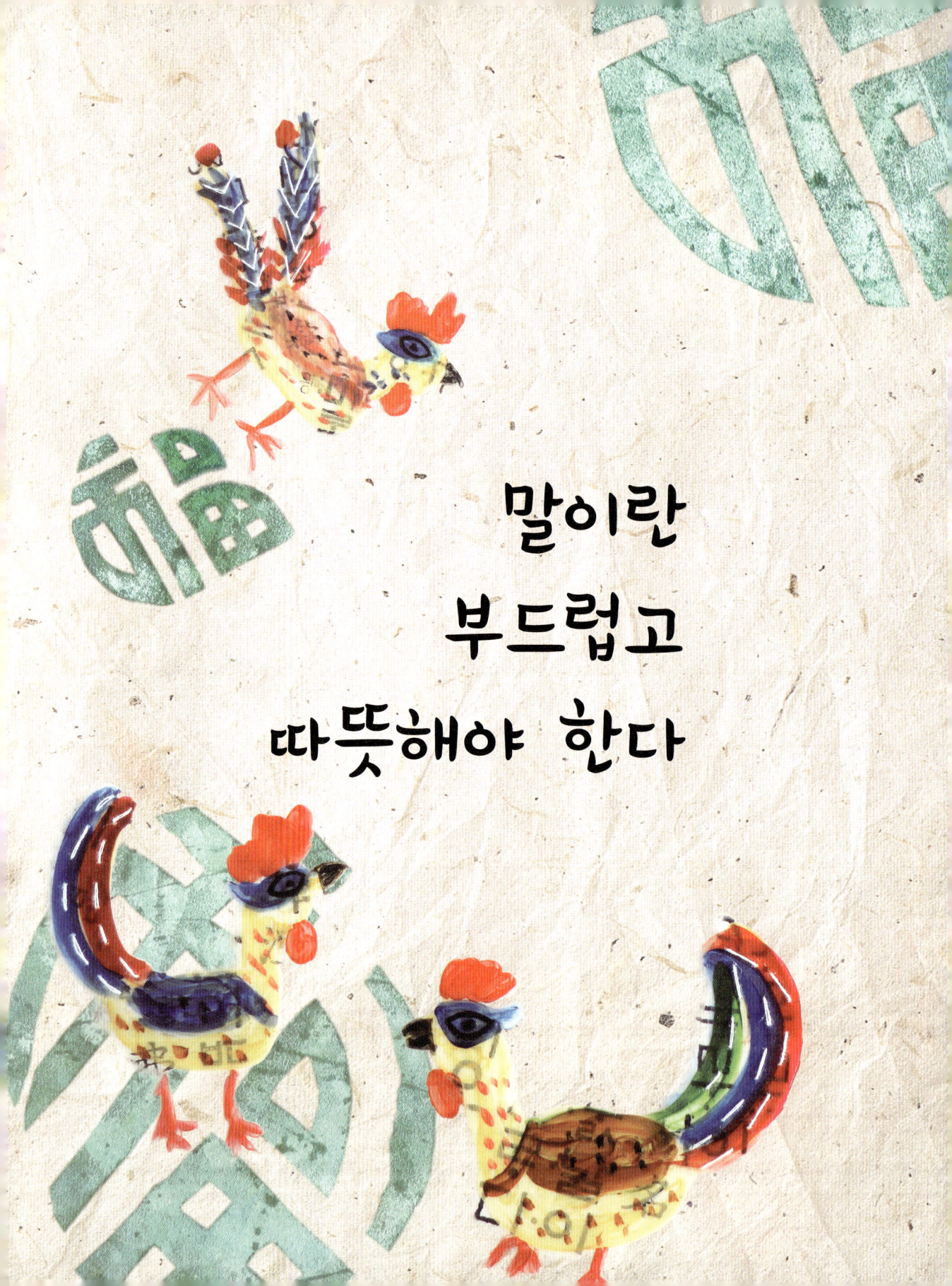

❀ 이 글은 유중림이 말하는 예절에 대해 쓴 것이다. 말을 하거나 들을 때 주의해야 할 점을 자세히 설명하고 있다.

　말이 너무 가벼우면 체통을 잃게 되고, 지나치게 무거우면 오만해 보이기 쉽다. 비록 그 사람이 착하고 어질다고 해도, 말을 할 때 화난 얼굴로 큰 소리를 치면 듣는 사람이 기쁘겠는가? 더욱이 말하는 사람이 온화한 뜻으로만 말하지 않는다면 어떻겠는가? 따라서 말이란 부드럽고 따뜻하게 해야 듣는 사람을 기쁘게 할 수 있다.

　다른 사람의 말을 들을 때, 마음 속으로 그 참과 거짓을 분별하면 된다. 모든 말을 다 믿을 필요는 없다.
　사람들과 말을 할 때, 다른 사람이 한 말을 자신이 한 말처럼 꾸며서는 안 된다. 또한 다른 사람의 말을 가로채서도 안 된다.

체통 신분이나 지체에 알맞은 체면.

　다른 사람을 칭찬할 때 너무 지나치지 않아야 하고, 꾸짖을 때 너무 혹독하지 않아야 한다. 그래야 이웃 사람들에게 원한을 사지 않는 법이다.

　저속하고 도리에 어긋나며 경박하고 나쁜 말은 절대로 입 밖으로 내보내서는 안 된다.

 유중림 《증보산림경제》 '언어'

저속 품위가 낮고 속됨.
경박 생각이 깊지 않고 조심성이 없어 말과 행동이 가벼움.

이야기를 더하여

　말을 할 때 큰 소리를 내면 듣는 사람이 괴롭습니다. 아무리 좋은 마음을 가지고 있다고 하더라도 표현이 거칠면, 듣는 사람은 상처를 받게 됩니다. 말은 언제나 따뜻하고 부드러워야 합니다.
　사람이 사람에게 줄 수 있는 가장 큰 상처도 말이고, 사람이 사람에게 줄 수 있는 가장 큰 선물도 말입니다.

　다른 사람의 말을 옮길 때 멋진 말이라면 욕심이 날 수 있습니다. 하지만 말 또한 그 사람의 일부입니다. 남의 말을 자기 말인 것처럼 말하는 것은 도둑질입니다. 나중에 다른 사람이 그 사실을 알게 되면 얼마나 부끄러운 일이겠습니까?
　다른 사람이 말을 할 때는 잘 들어주어야 합니다. 차례가 아닌데도 잊을까봐 혹은 나도 알고 있다는 것을 뽐내기 위해 가로채는 것은 새치기입니다. 말에도 예절이 필요합니다.

말이 고우면 사람도 곱게 보이고,
말이 거칠면 사람도 거칠게 보이고,
말이 가벼우면 사람도 가볍게 보이고,
말이 진중하면 사람도 진중하게 보입니다.

유중림

유중림은 조선 후기의 의관·농학자이다. 호는 문성이고, 내의원으로 약을 다루는 책임자였다. 1766년에 《증보산림경제》를 편찬하였는데, 이것은 홍만선의 《산림경제》를 고쳐 쓴 것이다. 고구마, 벼, 옥수수 등을 키우는 법이 기록되어 있다.

증보산림경제

《증보산림경제》는 유중림이 홍만선의 《산림경제》를 증보하여 엮은 책이다. 《산림경제》에서 중국 자료를 그대로 옮겨놓은 것들은 없애고, 우리 것을 보충하여 전체적으로 두 배로 늘렸다. 옥수수의 재배법이 처음으로 이 책에 나와 있다.

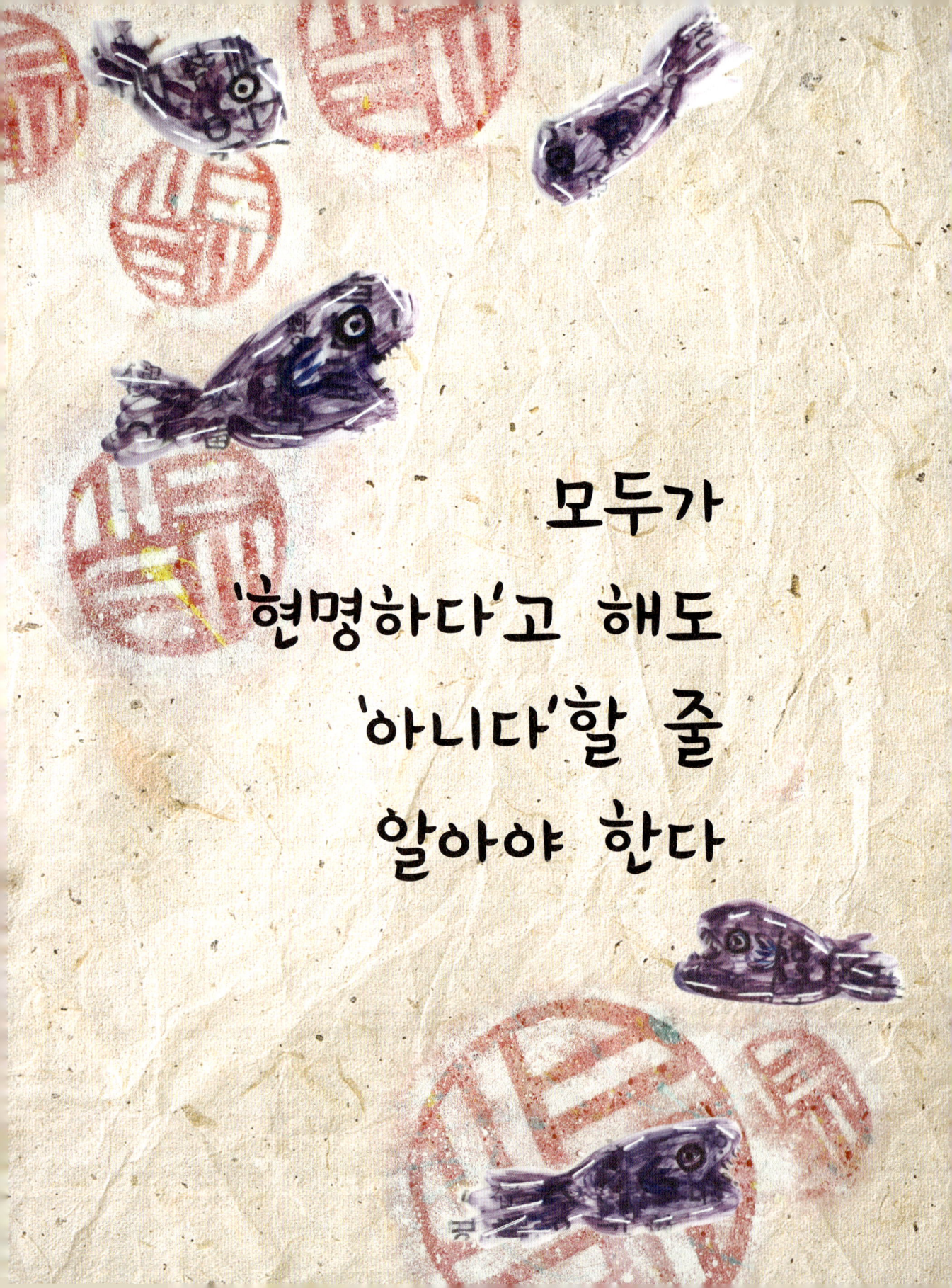

❁　이 글은 홍길주가 공론에 대해 쓴 것이다. 세상 사람들이 말할 때 깊이 생각하지 않고 말을 하는 것에 대한 지적이다.

오늘날 세상 사람들은 일이나 사람에 관해 말할 때 일정한 견해가 없고 조급하다. 이 때문에 오늘은 이렇다고 말하고 내일은 또 저렇다고 말한다. 그러면서도 어제 자신이 말한 내용과 어긋난다는 사실조차 전혀 깨닫지 못한다.

혹 어떤 일의 옳고 그름에 대해 시간이 흐르면서 의견이 모아져 한결같아지면, 조급하지 않은 사람조차 한 시대의 공론으로 받아들인다. 그러나 다음날부터 다른 의견이 들려오다가 곧이어 그 의견에 동조하는 사람이 생겨나면, 며칠 지나지 않아 옳고 그름에 대한 의견이 반으로 나뉜다. 상황이 이렇다 보니, 몇 년이 지난 후에는 공론이 어떻게 될지 도대체 알 수가 없다.

이것이 바로 맹자가 "나라 사람들이 모두 '어질고 현명하다'고

공론 여럿이 함께 의논함.

하거나 또는 모두 '아니다'라고 하더라도 반드시 헤아려 살필 줄 알아야 한다."는 가르침을 남긴 이유이다.

책을 읽을 때도 반드시 모두 읽은 다음에 의심나는 내용을 말해야 한다. 만약 한 글자라도 미처 읽지 않은 곳이 있는데 따져 묻는다면, 조급한 사람이라고 할 수 있다. 사람과 일의 옳고 그름에 관해 말할 때도 마찬가지이다.

홍길주 《수여난필》

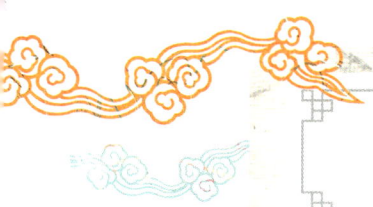

이야기를 더하여

어떤 일이 일어나면 이러쿵저러쿵 말이 참 많습니다. 어제 '당신의 의견은 무엇입니까?' 하고 물으면 이렇다고 자신 있게 말합니다. 그런데 오늘 '당신의 의견은 무엇입니까?' 하고 물으면 저렇다고 자신 있게 말합니다. 그러면서도 어제의 말과 오늘의 말이 어긋난다는 것을 전혀 깨닫지 못하고 마구 떠들어 댑니다.

모두가 '그렇다'고 말하는 것이 항상 옳은 것이 아니고, 모두가 '아니다'라고 말하는 것이 항상 틀린 것도 아닙니다. 옳음은 다수결이 아니기 때문입니다. 옳음은 자신의 눈과 귀와 마음으로 판단한 것입니다.

자신감이란 자신을 믿는 것이고, 자신의 판단을 믿는 것입니다. 자신감이란 자신의 말을 믿는 것입니다. 자신을 믿는 사람의 말을 다른 사람도 믿을 수 있습니다. 자신의 판단에 최선을 다하고 그런 후에는 그것을 지켜야 합니다. 말을 지키고, 약속을 지키고, 자신을 지키는 것이 자신감입니다.

자기의 말을 잃는 것은
자기의 생각을 잃는 것이고,
자기의 생각을 잃는 것은
자기 자신을 잃는 것과 같습니다.

자기의 말은 곧 자기 자신입니다.

홍길주

홍길주(1786~1841년)는 조선시대의 문인이다. 명석한 머리를 가진 사람이었다. 그는 폭넓은 독서를 바탕으로 학식이 높았지만, 복잡하고 어려운 것보다는 오히려 일상생활에서 얻은 작은 깨달음을 소중하게 생각하는 사람이었다.

수여난필

《수여난필》은 홍길주의 '수여방필 4부작' 중 하나이다. 《수여방필》·《수여연필》을 완성한 후의 글모음이다. 1836년 여름에 7일 또 가을에 7일, 두 차례에 걸쳐 썼다. '난필(瀾물결 란, 筆붓 필)'은 앞서 쓴 글이 넘쳐 물결이 뒤집히는 듯하다는 뜻이다.

다른 사람과 대화할 때의 예절

❀   이 글은 이덕무가 대화할 때의 예절에 대해 쓴 것이다. 말을 할 때는 간략하게 해야 하고, 말을 들을 때는 주의 깊게 들어야 한다는 내용이다.

여러 사람과 함께 앉아 이야기를 나누려고 할 때는 반드시 대강의 줄거리를 간추려 말해야 한다. 먼저 듣는 사람들을 향해 "이러저러한 사실들을 들은 적이 있는가?" 하고 물은 다음, 이미 들은 적이 있다고 대답하면 중요한 내용만을 간추려 비슷한 점과 다른 점을 비교할 수 있도록 한다. 처음부터 끝까지 모두 말해 듣는 사람을 지루하게 만들어서는 안 된다.

그리고 다른 사람이 이야기를 할 때는 이미 들은 적이 있더라도, 그 사람이 신이 나 말하고 있다면 끝까지 자세하게 들어줄 뿐이다. 도중에 가로막고 "나는 이미 자세히 알고 있는데 그대는 이제야 알았는가?"라고 해서는 안 된다. 또한 되풀이해서 말해도 안 된다.

다른 사람의 말을 들을 때는 비록 자신이 알고 있는 것과 다르더라도, 자신이 알고 있는 것을 우겨서는 안 되고 또 그 사람을 꺾

으려고 큰 소리를 내서도 안 된다.

혹시 자신과 마주한 사람이 괴상한 말을 하더라도, 만날 때마다 그 말을 끄집어내어 비웃거나 다시 다른 사람에게 그 말을 퍼뜨려서는 안 된다.

다른 사람의 말을 들을 때는 번거롭더라도 정신을 가다듬은 다음 줄거리를 잘 들어야 한다. 여러 사람과 마주하고 앉아 이야기할 때는 하나하나 잘 살펴 전체 분위기를 파악해야 한다.

자신이 말을 할 때 사람들이 신경을 쓰지 않고 듣거나 혹은 다른 일에 끌려 대충 듣는다면 마땅히 말을 멈추는 것이 좋다. 다른 사람이 자신의 말을 잘 듣지 않는데도, 그것을 살피지 못하고 끝까지 말한다면 정확한 사람이라고 하기 힘들기 때문이다.

이덕무 《사소절》 '언어'

이야기를 더하여

　다른 사람과 이야기 할 때는 주의해서 말해야 합니다. 사람들이 다 알고 있는 내용을 다시 말해서는 안 되고, 간략하게 말해야 합니다.

　말하기는 듣기와 아주 깊은 관계가 있습니다. 말하는 사람이 잘 말하지 않으면 듣는 사람이 잘 들을 수 없습니다. 다른 사람에게 말할 때는 조리 있게 말해야 합니다. 또박또박 정확하고 바르게 말해야 합니다.

　다른 사람과 이야기 할 때는 주의해서 들어야 합니다. 다른 사람이 이야기를 할 때는 혹시 지루하더라도 정성껏 들어주어야 합니다.

　듣기는 말하기와 아주 깊은 관계가 있습니다. 들어주는 사람이 잘 들어주지 않으면 말하는 사람이 잘 말할 수 없습니다. 다른 사람의 말은 정성스럽게 듣지 않으면서 내가 말할 때는 집중해서 들어주기를 바라는 것은 어리석은 일입니다.

대화는 주고받는 것입니다.
줄 때는 정확하고 예의 바르게
받을 때는 주의 깊고 공손하게.

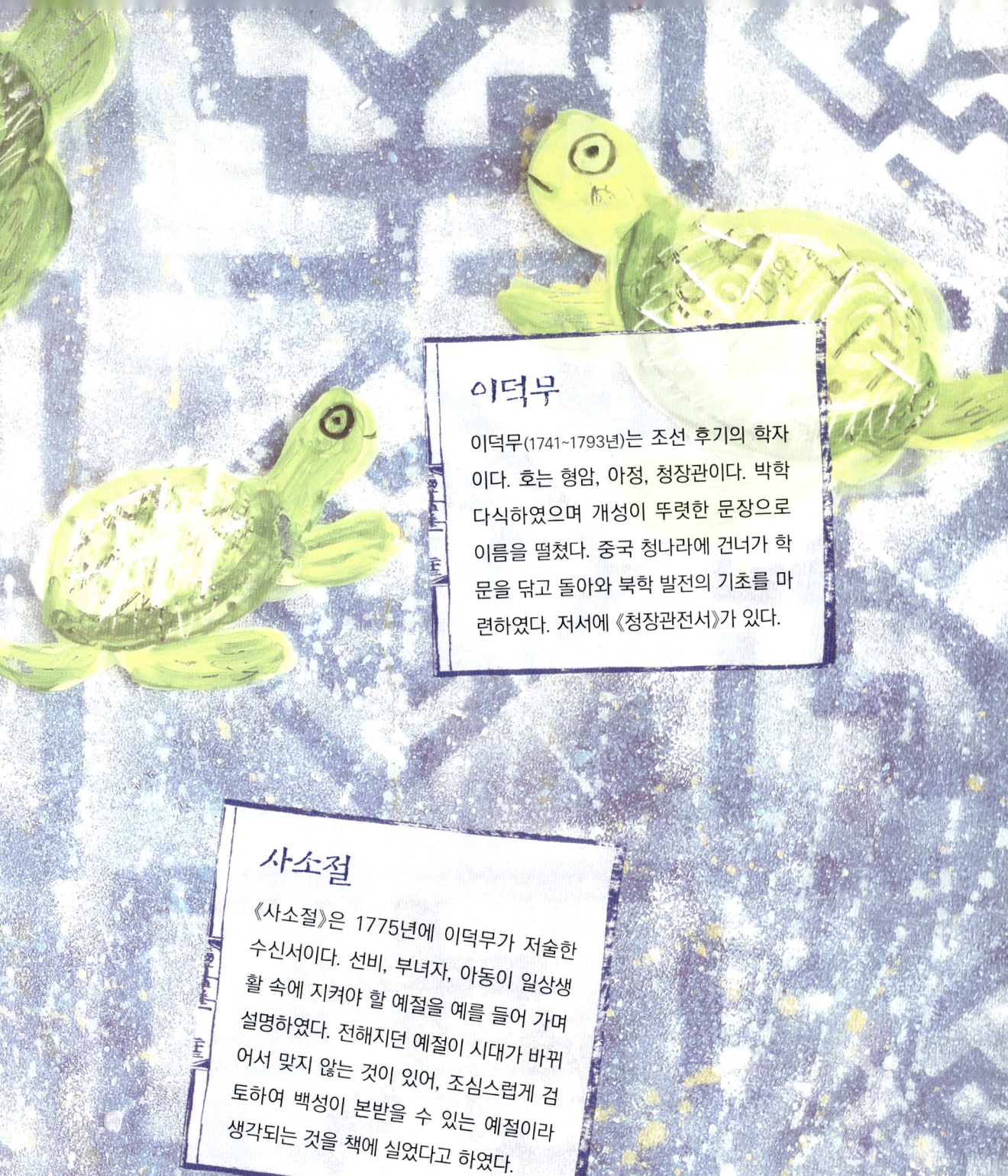

이덕무

이덕무(1741~1793년)는 조선 후기의 학자이다. 호는 형암, 아정, 청장관이다. 박학다식하였으며 개성이 뚜렷한 문장으로 이름을 떨쳤다. 중국 청나라에 건너가 학문을 닦고 돌아와 북학 발전의 기초를 마련하였다. 저서에 《청장관전서》가 있다.

사소절

《사소절》은 1775년에 이덕무가 저술한 수신서이다. 선비, 부녀자, 아동이 일상생활 속에 지켜야 할 예절을 예를 들어 가며 설명하였다. 전해지던 예절이 시대가 바뀌어서 맞지 않는 것이 있어, 조심스럽게 검토하여 백성이 본받을 수 있는 예절이라 생각되는 것을 책에 실었다고 하였다.

 이 글은 박세당이 말재주에 대해 쓴 것이다. 말만 잘하는 것보다 실천하는 성실한 태도가 더 중요하다는 내용이다.

공자께서는 "좋은 말로 꾸며 다른 사람을 기쁘게 하거나 좋은 얼굴빛으로 다른 사람의 비위를 잘 맞추는 사람 중에 어진 사람은 매우 드물다. 믿음은 어짊의 근본인데, 교묘하게 말을 꾸며 다른 사람을 기쁘게 하거나 웃는 얼굴로 다른 사람의 비위나 맞추는 일은 믿음과는 거리가 멀다."고 말씀하셨다.

공자께서는 "옛 사람들이 말을 쉽게 내뱉지 않은 것은 자신의 행동이 말한 것에 미치지 못할까 두려워했기 때문이다."라고 말씀하셨다. 이것 역시 말보다 행동을 먼저 하라는 뜻이다.

어떤 사람이 "염옹은 어질지만, 말재주가 없다."고 말했다. 그러자 공자께서는 "말재주를 무엇에 쓰겠는가? 재치 있는 말로 다른 사람과 맞서다가 자주 미움을 사느니, 염옹이 어진 사람인지는 모르겠으나 말재주는 무엇에 쓰겠는가?"고 말씀하셨다.

주석에 이르기를 "어(御)란 응답과 같은 뜻이다."라고 했는데, 아

마도 틀린 것 같다. 어(禦)는 '거역한다'는 뜻으로, 말재주가 있는 사람은 자신의 입만 믿고 옳지 않은 것을 옳은 것처럼 꾸며 사람들의 마음을 거역하기 때문에 자주 다른 사람의 미움을 받게 된다는 뜻이다.

박세당 《사변록》 '논어'

이야기를 더하여

주자가 공자의 말과 행동에 주석과 해석을 달면서 '주자학'이 생기고, 유학을 이해하는 기본이 되었습니다.

그러나 박세당은 세월이 지나면서 원래의 뜻이 왜곡되고 멀어지게 되었다고 생각했습니다. 그래서 '주자학'을 거부하고 자신이 원래의 뜻을 찾으려고 노력했습니다. 하지만 결과는 세상 사람들 모두 손가락질하는 사람이 되는 것이었습니다.

입에 쓴 약이 몸에 이롭다는 말이 있습니다. 당장은 듣기에 좋고 보기에 좋은 것들이 결국에는 우리를 망치는 날이 옵니다.

박세당은 스스로 입에 쓴 약이 되었습니다. 듣기에 거북하고 보기에 거슬리는 사람이 되었습니다. 하지만 그의 용기 덕분에 우리는 건강한 정신을 가질 수 있게 되었습니다. 그는 말재주가 아니라 원래의 뜻이 중요하다는 사실을 삶으로 보여주는 사람이었습니다.

말재주만 있는 사람은
아직 말할 줄 모르는 사람입니다.

말재주만 관심 있는 사람은
아직 들을 줄 모르는 사람입니다.

박세당

박세당(1629~1703년)은 조선 후기의 문신·학자이다. 호는 잠수·서계초수·서계이다. 대대로 높은 벼슬을 한 양반가문 출신이었지만, 4세 때 아버지를 잃고 어려운 환경에서 자랐다. 어머니와 떠돌아 다니다가 10세 때 겨우 글을 배웠는데도 재주가 뛰어났다. 《사변록》을 저술하여 주자학을 비판하였다.

사변록

《사변록》을 쓴 박세당은 주자학의 정통적 지위에 도전하다 유배를 당했고, 그 와중에 사망한 인물이다. 박세당은 주자학에 의해 왜곡된 유학의 본 모습을 밝히려는 생각을 가지고 있었다. 《사변록》은 주자학에 비판적인 경향을 가지는 실학파들의 사상적 배경이 되었다.

 이 글은 홍길주가 앎에 대해 쓴 것이다. 세상의 이치가 끝이 없듯이 사람이 깨우쳐야 할 것도 끝이 없다는 내용이다.

사람들은 간혹 아는 것이 적음에도 스스로 다 안다고 떠들고 다닌다. 일찍이 내가 이 점에 대해 말한 적이 있다.

어제 몰랐던 것을 비로소 오늘 알았다고 하더라도, 내일 다시 모르는 것을 만나지 않는다고 보장할 수 있겠는가? 비록 훌륭한 성인일지라도 날마다 모르는 것을 알아 가는데, 하물며 평범한 사람이야 말할 필요가 있겠는가! 세상의 이치가 끝이 없듯이 사람이 깨우쳐야 할 것도 끝이 없는 법이다.

만약 누군가 "옛 사람이 이미 세상 모든 사물의 이치와 감정을 남김없이 살폈기 때문에, 후세 사람들이 또 다시 지혜를 낭비할 필요가 없다. 문장과 글쓰기 역시 새로운 말이 없다."고 떠들어댄다면, 이런 사람은 세상에서 가장 깨달음이 없는 사람이라고 할 수 있다.

성인 덕과 지혜가 뛰어나고 사리에 정통하여 모든 사람의 스승이 될 만한 사람.

지식은 보잘것없으면서 스스로 다 안다고 말하는 사람은 크게 부족한 사람이다. 시간이 쌓이고 세월이 지나다보면 반드시 아는 것에 발전이 있기 마련이다. 발전이 있게 되면 지난날 다 알지 못하던 것을 깨닫게 된다. 지난날 몰랐던 것을 깨닫고 나면, 오늘 내가 아는 것이 다 아는 것이 아님을 깨닫게 된다.

　스스로 다 안다고 말하는 사람은 오래도록 그 앎에 발전이 없었던 까닭이다. 오래도록 그 앎에 발전이 없다면 크게 부족한 사람이 아니고 무엇이겠는가?

홍길주 《수여연필》

이야기를 더하여

'빈 수레가 요란하다'는 속담이 있습니다. 집을 짓는 데 수레에 흙을 가득 담아 옮기면 힘들지만 보람이 있습니다. 수레에 아주 조금 흙을 담으면 빨리 달릴 수 있을 것입니다. 하지만 요란하게 왔다갔다해도 집을 짓는 데 별 쓸모가 없습니다.

배움도 마찬가지입니다. 많이 아는 사람은 말과 행동이 묵직합니다. 오히려 조금 아는 사람이 이러쿵저러쿵 말과 행동이 요란합니다.

사과나무에 사과가 달려 있다고 생각해 보세요. 아주 작은 사과가 조금씩 자라고 있습니다. 그런데 아직 덜 자란 사과를 따면 어떻게 될까요? 더 이상 자랄 수 없습니다. 성장을 멈춘 사과는 시들기 시작할 것입니다.

사람도 마찬가지입니다. 아주 작은 배움이 조금씩 자라고 있습니다. 그런데 배움을 멈추면 어떻게 될까요? 더 이상 자랄 수 없습니다. 성장을 멈추면 사람도 시들기 시작합니다.

성장을 멈추는 순간
부패가 시작됩니다.

성장이 멈추는 순간
후퇴가 시작됩니다.

홍길주

홍길주(1786~1841년)는 조선 후기의 문인이다. 호는 항해이다. 평생 학문에만 전력을 다했다. 그의 글은 독특하고도 개성적인 시각으로 19세기 조선의 특성과 문화를 보여 준다. 저서에 《현수갑고》·《표롱을첨》·《항해병함》·《숙수념》 등이 있다.

수여연필

《수여연필》은 《수여방필》·《수여난필》·《수여난필속》과 함께 홍길주의 4부작이다. 당시 학계와 문단의 흐름, 문학과 인생에 대한 자신의 생각을 자유로운 형식으로 펼쳐 보인 책이다. 평생 독서와 글쓰기에 힘쓴 홍길주의 삶을 볼 수 있다.

말을 듣고
깨우치는 것은
내 마음에 숨은 것을
깨우는 일이다

❁ 이 글은 최한기가 말과 마음에 대해 쓴 것이다. 배움에 있어서 책을 읽는 것과 말을 듣는 것이 같은 이치라는 내용이다.

옛 사람의 책을 읽고 그 시대의 일을 헤아리거나 다른 사람의 말을 듣고 아는 것은, 글과 말을 살펴 내 마음에 숨어 있는 것을 일깨우는 일이다.

그러나 옹졸한 사람은 옛 사람의 책에서 가르침을 눈으로 보고 귀로 들으면서도 끝내 깨닫지 못한다. 또 어리석은 사람은 비록 다른 사람의 말을 듣더라도 이익을 탐하는 욕심을 불러일으킬 뿐이다. 이 때문에 마음으로 받아들이는 것은 적고, 자신을 드러내 나타내는 것 역시 드물다.

학문을 하거나 설명을 듣거나 책을 읽어 얻는 것은 조금도 다르지 않다. 모두 마음 속에 희미하게 숨어 있는 것을 북돋아 일으키기 때문이다.

↝ 최한기 《기측체의》 '글과 말은 마음에서 일어난다'

이야기를 더하여

내 안에 없는 것을 배울 수는 없습니다. 배움이란 내 안에 희미하게 있는 것을 깨우는 일입니다. 배움이란 잠들어 있던 것을 깨우고, 숨어 있던 것을 찾아내는 일입니다.

운동을 하면 근육이 생깁니다. 운동을 하면서 살들 속에 숨어 있던 근육이 밖으로 나오는 것이고, 아주 작게 자리하고 있었던 근육이 점점 더 커지는 것입니다. 운동을 한다고 해서 내 안에 없던 근육이 생기는 것이 아닙니다.

말을 듣는다는 것은 귀로 듣는 것이 아니라 마음으로 듣는 것입니다. 쿨쿨 자고 있는데, 귀로 소리가 들어간다고 해서 그 말을 들을 수는 없습니다.

남의 말을 들을 때 나에게 얼마나 이로울지 따지는 것은 마음이 잠자는 것과 같습니다. 마음이 쿨쿨 자고 있는데, 옆에서 바른말을 한다고 해서 그 말을 들을 수는 없습니다.

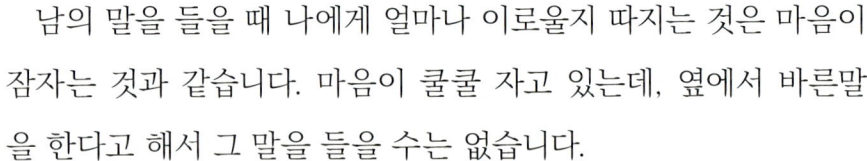

책을 읽는 것과 말을 듣는 것은 같은 이치입니다. 울림이 있어야

책에서 읽은 것을 이해할 수 있고, 울림이 있어야 다른 사람의 말을 이해할 수 있습니다. 나에게 와서 울리는 울림이 없다면 책은 그냥 종이뭉치일 뿐이고, 남의 말은 그냥 시끄러운 소음일 뿐입니다.

책을 읽고 말을 듣는 것은 밖에서 일어나는 일이 아니라 내 안에서 일어나는 일이 더 중요합니다. 보고 들었을 때 내 안에서 어떤 변화가 일어나야 합니다. 그것이 배움입니다.

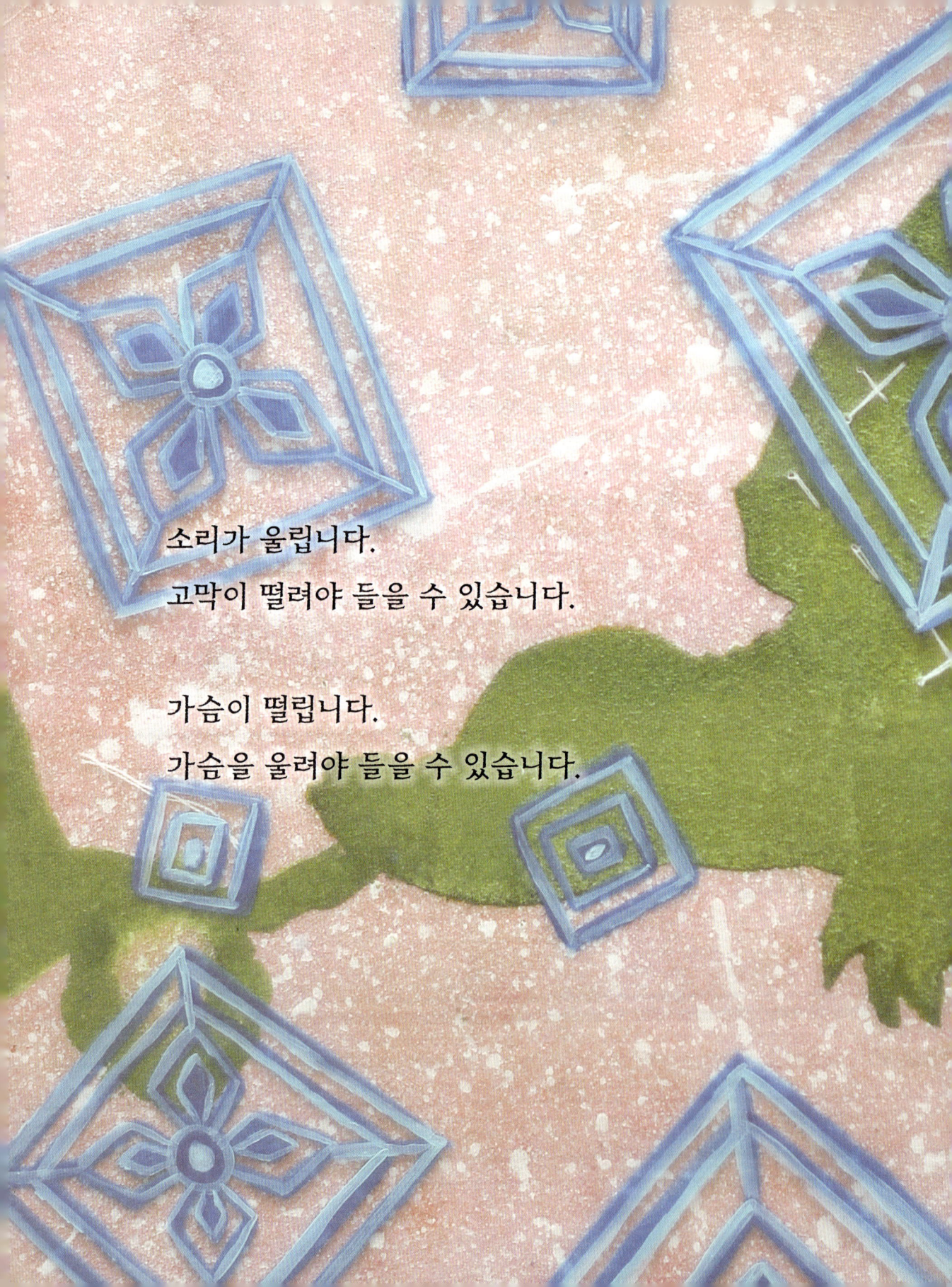

소리가 울립니다.
고막이 떨려야 들을 수 있습니다.

가슴이 떨립니다.
가슴을 울려야 들을 수 있습니다.

최한기

최한기(1803~1877년)는 조선 말기의 학자이다. 호는 혜강·패동·명남루 등이다. 실학사상을 계승하면서 그것을 근대적 개화사상에 연결시켰다. 책을 좋아하던 양아버지 덕택으로 중국의 책과 서양의 책을 읽을 수 있었고, 이를 바탕으로 학문에 전념하여 수많은 글을 남겼다.

기측체의

《기측체의》는 최한기의 철학서이다. 그는 자신의 《신기통》과 《추측록》을 합쳐 《기측체의》를 만들었다. 기(氣)를 근원으로 보는 최한기의 독특하고 통일된 철학을 만날 수 있는 자료이다. 1836년 중국 베이징에서 간행되었다.

🌼　이 글은 정조 임금이 소통에 대해 쓴 것이다. 아랫사람이 윗사람에게 말하는 의견을 소중하게 생각해야 한다는 내용이다.

사람이 좋다고 해서 반드시 모두 좋은 벼슬을 하는 것은 아니듯 좋은 화초라고 해서 모두 좋은 흙에서 나는 것은 아니다. 좋은 말[馬]이라고 해서 모두 훌륭한 주인을 만나는 것은 아니듯 좋은 말[言]이라고 해서 모두 좋은 마음에서 나온다고 할 수는 없다. 그러나 마음이 좋아야 사람이 좋고, 사람이 좋아야 말이 좋기 마련이다.

아랫사람이 윗사람에게 의견을 말하는 것을 귀중하게 생각해야 한다. 그 까닭은 그 말이 정성스럽고 정직하기 때문이며, 명예를 팔아먹는 자와 사사로이 욕심을 품은 자를 미워하기 때문이다. 또한 권력에 의지하여 다른 사람을 함정에 빠뜨리는 일을 증오하기 때문이다.

말은 가려 해야 하고, 마음은 굳세어야 하며, 뜻은 높아야 한다. 또 마음은 넓어야 하고, 일은 진실해야 하고, 학문에 힘써야만 한다.

옛 사람들은 일에 대해 말할 때, 오로지 그 일의 옳고 그름만을 따진 다음 곧바로 헤아리고 판단했다. 이 때문에 사실을 왜곡하지 않았다. 그런데 오늘날 사람들은 내 말에 단지 '네! 네!' 하기만 할 뿐 아니라, 모두 거듭 덮고 막고 가려버린다. 내가 항상 통탄하는 일이 바로 이것이다.

정조대왕《홍재전서》'훈어 3'

통탄 몹시 안타깝고 한스러운 마음으로 슬퍼하며 탄식함.

이야기를 더하여

'좋은 말[馬]이 모두 훌륭한 주인을 만나는 것은 아니다'라는 것은 훌륭한 인재가 모두 대접을 받는 것은 아니라는 뜻입니다. 이것은 인재가 필요가 없다는 것이 아니라 훌륭한 인재를 알아보지 못한 것에 대한 안타까움입니다.

'좋은 말[言]이 모두 좋은 마음에서 나오는 것은 아니다'라는 것은 좋은 말[言]이라면 누가 어떤 마음으로 한 것이라도 참고하겠다는 의지입니다. 그러나 이렇게 특별한 경우를 빼고는 마음이 좋아야 사람이 좋고, 사람이 좋아야 말이 좋은 법입니다.

대답만 '네! 네!' 하고, 실제로는 도무지 말을 듣지 않는 신하들에 둘러싸여 있는 정조 임금의 모습이 보입니다.

임금 앞에서 정직한 말을 하기는 어렵습니다. 소신껏 말하는 것이 때로는 목숨을 내놓아야 하는 일이기도 했기 때문입니다. 그래서 아랫사람은 윗사람의 말이라면 무슨 말이든 순종하기 쉽습니다. 그러면 결국 말의 시늉만 남고 말은 사라져 버립니다.

어쩌다 한번은 좋은 일 할 수 있지만,
언제나 좋은 일을 하려면 좋은 사람이어야 합니다.
어쩌다 한번은 고운 말 할 수 있지만,
언제나 고운 말을 하려면 고운 사람이어야 합니다.

정조

정조(1752~1800년)는 조선 제22대 왕이다. 호는 홍재이고, 영조 임금의 손자이다. 숙종·영조의 탕평론을 이어받는 정치를 하였으며, 규장각을 만들어 많은 책들을 만들고 보관하게 했다. 저서에 《홍재전서》가 있다.

홍재전서

《홍재전서》는 정조 임금의 시문집이다. 《홍재전서》는 왕의 권력이 강해지고 새로운 문물의 교류가 넘치던 시기에 왕과 신하들이 어떻게 나라를 꾸렸는지 잘 보여준다. 사회적인 편견을 무너뜨리던 정조 임금의 모습을 보여주기도 하며, 18세기 후반 사회를 연구하는 데 꼭 필요한 자료이다.

옳고 그름에 대하여

　이 글은 이익이 말과 침묵에 대해 쓴 것이다. 옳다고 하는 것과 그르다고 하는 것을 판단하는 일에 신중해야 한다는 내용이다.

　사람들과 어울릴 때 서로 다투는 양쪽의 의견을 모두 그르다고 하는 것은 나무람에 가깝고, 양쪽의 의견을 모두 옳다고 하는 것은 아첨에 가깝다. 그러나 만약 '무엇이 옳고 무엇이 그른가'에 대한 해답을 얻지 못한다면, 아첨보다는 차라리 나무람이 낫다.
　혼란스러운 나라에 살면서 어떤 일과 사물을 대할 때 '말과 행동'을 조심스럽게 하지 않으면 스스로 재앙을 부르게 된다. 따라서 침묵을 귀하게 여기는 것이다.

　홍문관에 학이 있는데, 어느 날 숙직을 서던 여러 관원들이 모여서 혹은 꼬리가 검다하고 혹은 날개가 검다하면서 선뜻 결론을 내지 못했다. 이때 한 나이든 벼슬아치가 "이 말이 옳다고 할 수 있으나 또한 저 말도 틀리지는 않다."고 했다.

홍문관 조선시대의 학술·언론기관.

여러 사람들이 그 까닭을 묻자, 그는 "학은 하늘을 날 때는 날개가 검고, 땅에 서 있을 때는 꼬리가 검기 때문이다."고 대답했다. 답을 들은 모든 사람들이 크게 웃었다. 그 나이든 벼슬아치는 말을 잘 둘러맞추는 사람이라고 할 만 하다.

황희는 성품이 너그러워 다른 사람의 의견을 거스르지 않았다. 그래서 어떤 사람이 "삼각산이 무너졌다."고 말하면, 그는 다만 "너무 높고 뾰족했다."고 했고, 다시 "삼각산이 그대로 있다."고 말하면, 그는 "기세가 완전하고 굳세다."고 대답했다.

전해오는 말처럼 그랬을 것이라고 믿기는 힘들지만, 황희 정승의 사람 됨됨이를 짐작해 볼 수는 있다.

이익 《성호사설》 '말과 침묵'

황희 고려 말 조선 초의 문신, 청렴결백하여 백성들로부터 존경을 받았다.

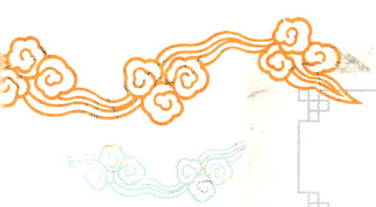

이야기를 더하여

　세상은 흑백이 아닙니다. 흑백만이 존재한다면 흰 것이 아니면 검은 것뿐이지요. 하지만 우리가 사는 세상은 다양한 색으로 이루어져 있습니다.

　꽃은 빨갛고, 하늘은 파랗고 나뭇잎은 초록으로 빛납니다. 더 자세히 들여다보면 빨강 안에도 여러 색감과 질감이 있고, 파랑 안에도 여러 느낌과 맑음이 있고, 초록 안에도 여러 농도와 촉감이 있습니다. 다양한 색을 인정할 때 우리는 더욱 아름다운 세상을 만나게 됩니다.

　옳고 그름을 편 가르는 것이 아주 강하고 멋져 보일 수 있지만, 그 안에 숨은 아픔이 사람들을 힘들게 합니다. 무언가를 억지로 나누다보면, 누군가 눈물을 흘리는 일이 생기기 때문입니다.

　옳음과 그름을 따지는 것보다 옳음을 사랑하는 것이 더 중요합니다. 옳음과 그름을 가리는 것보다 옳음을 사랑하는 것이 더 소중합니다.

옳음과 그름을 가리는 것보다
옳음을 사랑하는 것이 더 중요합니다.

이쪽과 저쪽 편을 가르는 것보다
사람을 사랑하는 것이 더 중요합니다.

이익

이익(1681~1763년)은 조선 후기의 실학자이다. 호는 성호이다. 아버지의 유배지에서 막내아들로 태어났다. 1682년에 아버지가 돌아가신 후 어머니와 안산으로 이사했고, 이후 그는 성호장에서 평생을 지내게 되었다. 천문·지리·수학·의학 등에 능통하고, 저서로 《성호사설》 등이 있다.

성호사설

《성호사설》은 이익이 평소에 책을 읽다가 느낀 점이나 흥미 있는 사실을 기록한 것과 제자들의 질문에 답변한 내용들을 정리한 책이다.

이익의 아버지와 형이 정치에 희생되었다. 그가 사회 개혁안을 생각한 것은 당연한 일이었다. 당시 사회의 모순과 개혁안을 동시에 볼 수 있는 자료이다.

말에 관한 우리나라 속담

❀   이 글은 정약용이 우리나라 속담에 대해 쓴 것이다. 다른 사람의 말을 받아들일 줄 알아야 하고, 말을 함부로 하면 안 된다는 내용이다.

- 혀 밑에 도끼가 있으니, 사람이 자신을 해치는 데 사용한다.(말이 재앙을 불러올 수 있음을 경계한 것이다.)
- 소에게 말하면 사라져 버리지만, 아내에게 말하면 밖으로 새어 나간다.(다른 사람에게 한 말은 새어나갈 수 있음을 경계한 것이다.)
- 낮 말은 새가 듣고, 밤 말은 쥐가 듣는다.(말을 조심해야 함을 경계한 것이다.)
- 어린아이의 말일지라도 마땅히 귀담아 들어야 한다.(말을 받아들일 줄 아는 총명함이 있다면 당연히 어린아이의 말일지라도 받아들인다는 뜻이다.)
- 노랫소리가 아무리 아름다워도 오래 들으면 싫증이 난다.(비록 좋은 말이라고 할지라도 여러 번 하면 듣기 싫다는 뜻이다.)
- 장차 내가 말하려고 하는데, 사돈집에서 먼저 한다.(나는 너의 탓이라고 생각하는데, 너는 반대로 나의 탓이라고 생각한다는 뜻이다.)
- 불 안 땐 굴뚝에 어찌 연기가 나겠는가?(근거도 없이 떠돌아다니는 비난일지라도 모두 스스로 취함이 있다는 뜻이다.)

- 말(言)이 감미로운 집은 장맛이 나쁘다.(말만 화려하고 아름다운 사람은 실제로는 덕이 없다는 뜻이다.)
- 들으면 병이고, 듣지 않으면 약이다.(마음에 거슬리는 말은 듣지 않는 것만 못하다는 뜻이다.)
- 호랑이도 제 말하면 오고, 사람도 제 말하면 오는 법이다.(사람이 없는 곳에서 그 사람에 대해 함부로 말을 해서는 안 된다는 뜻이다.)
- 남의 잔치에 감 놔라 배 놔라 한다.(그 지위에 있지도 않으면서 함부로 이래라 저래라 간섭하면 안 된다는 뜻이다.)

정약용 《이담속찬》 '우리나라 속담'

이야기를 더하여

    정약용은 속담에 관심이 있었습니다. 중국 속담은 《이담》을 참고하고, 우리나라 속담은 이익의 《백언해》를 바탕으로 하여 《이담속찬》을 만들었습니다.
    자신이 모은 자료뿐만 아니라, 흑산도 바닷가에 있는 둘째 형 정약전이 모은 것과 친구 신작이 모은 속담까지 함께 책에 실었습니다.

    당시에는 우리나라 속담까지 관심을 가진 사람은 드물었습니다. 하지만 정약용은 아주 작은 것도 모이면, 훌륭한 책이 된다는 것을 알고 있었습니다. 또 말을 모으고 글로 남기면, 역사에 남는다는 사실도 알고 있었습니다.
    정약용이 다른 사람과 함께 작업하는 모습이 흥미롭습니다. 관심을 가지고 있으면 주변 사람들도 자신의 일처럼 도와줍니다. 내가 어떤 것을 알고 싶다고 말하면, 세상에는 많은 도움의 손길이 기다리고 있습니다.

말 한 마디에 천 냥 빚 갚는다.
가는 말이 고와야 오는 말이 곱다.

속담!
외우는 것보다 아는 것이 중요하고
아는 것보다 실천이 더 중요합니다.

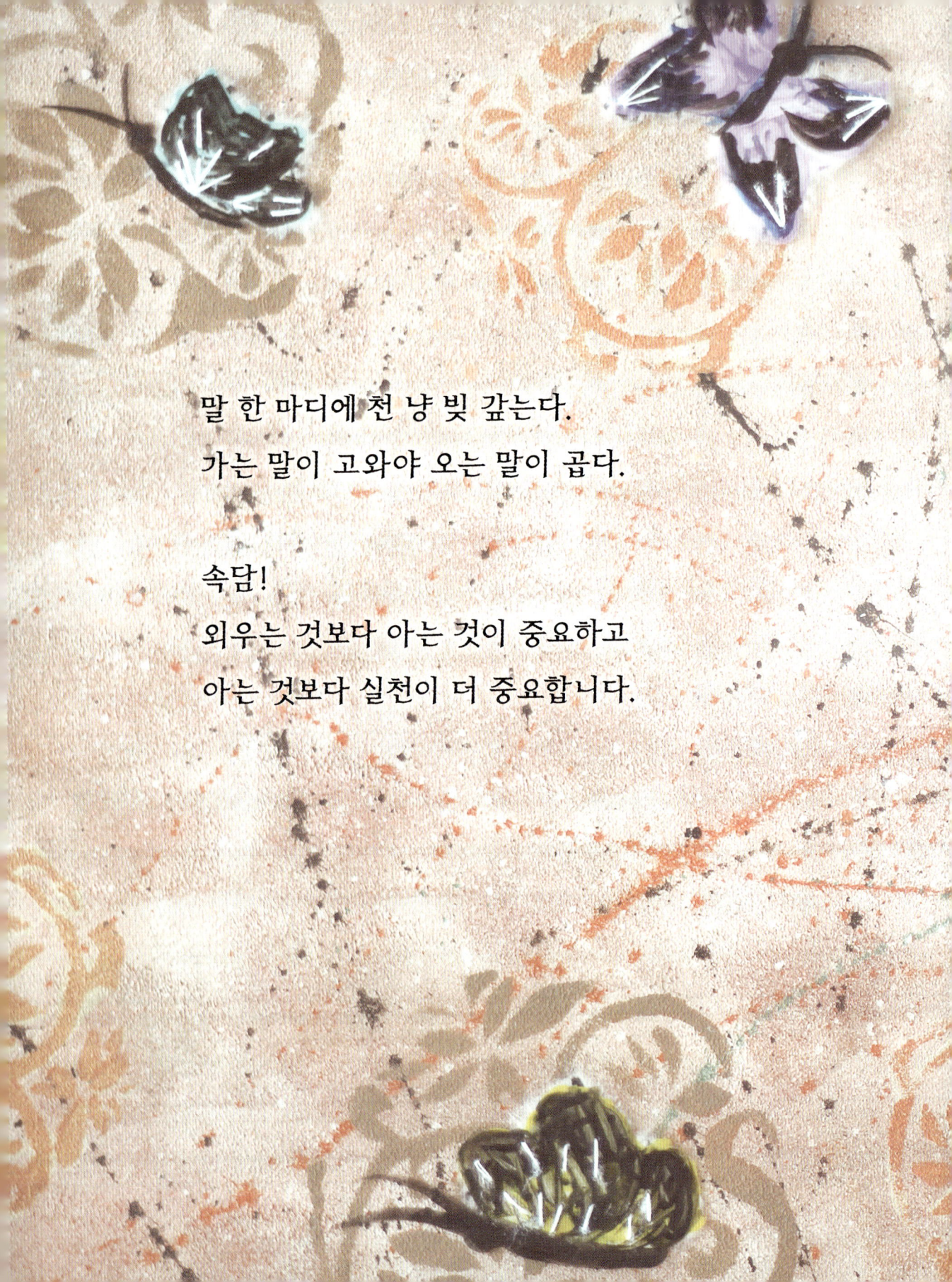

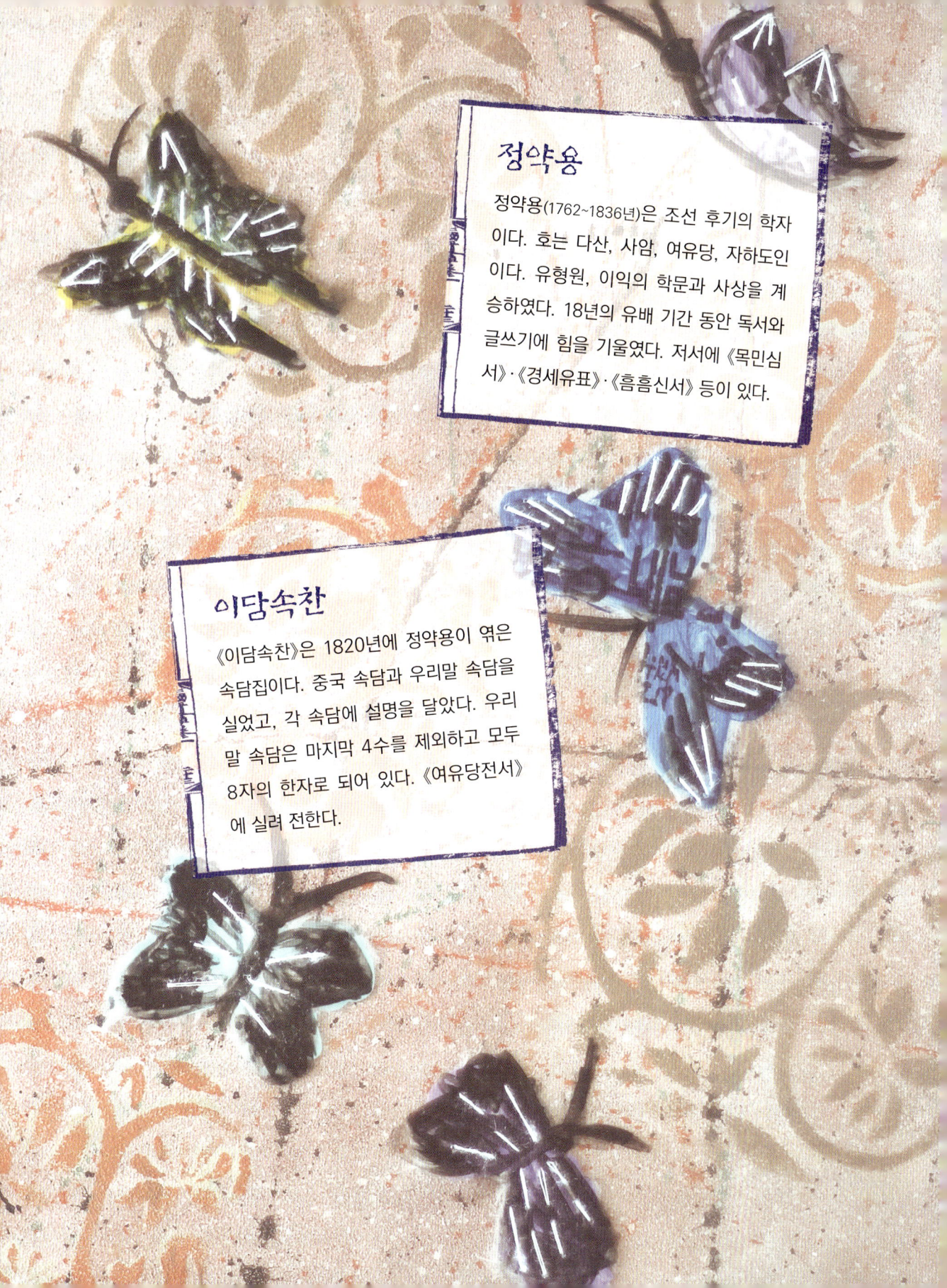

정약용

정약용(1762~1836년)은 조선 후기의 학자이다. 호는 다산, 사암, 여유당, 자하도인이다. 유형원, 이익의 학문과 사상을 계승하였다. 18년의 유배 기간 동안 독서와 글쓰기에 힘을 기울였다. 저서에 《목민심서》·《경세유표》·《흠흠신서》 등이 있다.

이담속찬

《이담속찬》은 1820년에 정약용이 엮은 속담집이다. 중국 속담과 우리말 속담을 실었고, 각 속담에 설명을 달았다. 우리말 속담은 마지막 4수를 제외하고 모두 8자의 한자로 되어 있다. 《여유당전서》에 실려 전한다.

아첨에도
상·중·하가 있다

❀ 이 글은 박지원의 한문소설 <마장전>의 일부분이다. <마장전>은 소위 군자라는 사람들의 거짓 우정에 대해 비판하는 내용이다.

골계선생은 우정에 대해 다음과 같이 말했다.

나무를 붙이자면 생선 부레를 녹여서 붙이고, 사슴이나 말의 가죽을 붙이자면 밥풀을 이겨서 붙이는 것보다 단단한 것이 없다. 그러나 사람의 사귐에 있어서는 떨어진 틈이 있다.

멀리 떨어져 있어야 틈이 있는 것이 아니요, 산과 강이 가로막고 있어야 틈이 있는 것이 아니다. 또 무릎을 맞대고 함께 앉아 있다 하여 반드시 밀접한 사이가 아니요, 어깨를 치고 소매를 붙잡는다 하여 반드시 마음이 일치하는 것도 아니다. 그런 사이에도 틈은 있게 마련이다.

골계선생 골계선생은 작가의 의견을 대변하기 위해 설정한 가상 인물이다. 골계란 풍자나 궤변을 잘한다는 뜻이다.
부레 물고기의 뱃속에 있는 공기주머니.

따라서 중요하게 생각할 것도 틈이고 두려워할 것도 틈이다. 틈을 파고들어가 아첨하는 것이요, 틈을 파고들어가 이간질하는 것이다. 그러므로 사람을 잘 사귀는 이는 먼저 그 틈을 잘 이용하고, 사람을 잘 사귈 줄 모르는 이는 그 틈을 이용할 줄 모른다.

아첨하는 말에도 상·중·하의 방법이 있다.

몸을 가지런히 하고, 얼굴을 다듬고, 말을 얌전하게 하고, 명예나 이익에 초연하고, 상대방과 사귀려고 하는 마음이 없는 척하는 것이 상급의 아첨이다.

또한 간곡하게 바른말을 해 감정을 드러내 보인 다음에, 그 틈을 잘 활용해 자신이 원하는 것을 얻는 것이 중급의 아첨이다.

말발굽이 다 닿도록 아침 저녁으로 문안 인사를 드리고, 돗자리가 다 떨어지도록 뭉개고 앉아 상대방의 얼굴빛을 살핀다. 그러면서 그 사람이 하는 말이면 무조건 좋다하고 그 사람이 하는 일이면 무조건 훌륭하다고 칭찬한다.

아첨 남의 마음에 들려고 비위를 맞추면서 알랑거림.
초연 얽매이지 않고 태연하거나 느긋함.

이런 아첨은 처음 들으면 기분이 좋지만, 자꾸 들으면 오히려 싫증이 나는 법이다. 싫증이 나면 아첨하는 사람을 천하다고 여기고, 끝내는 자신을 갖고 노는 게 아닌가 하고 의심을 품게 된다. 이것이 하급의 아첨이다.

박지원《연암집》'마장전'

이야기를 더하여

　박지원은 양반을 풍자하는 소설을 많이 썼는데, 〈마장전〉도 그런 소설 중 하나입니다. 〈마장전〉은 말을 사고파는 장사꾼의 이야기라는 뜻입니다. 거짓 우정과 믿음에 대해 이야기 하는 소설입니다. 군자들이라고 떠들고 다니는 사람들의 우정과 믿음이 장사꾼보다 보잘것없다고 비꼬는 내용입니다.

　박지원은 자신이 양반이었음에도 불구하고 양반을 비판하는 입장이었습니다. 사람들은 양반이라고 하면 군자라고 하면서 훌륭하다고 생각하고, 장사꾼이라고 하면 작은 이익을 위해서 거짓으로 남을 속인다고 생각합니다. 하지만 박지원은 군자가 어쩌고 거들먹거리는 양반들이 더 심하게 아첨하고 속이며 살고 있다고 지적하고 있습니다.

　아첨하고 아부하는 것에도 수준이 있습니다. 점잖은 척하면서 아부하는 것이 가장 높은 등급이라면, 바른말을 하는 척하면서 아부하는 것이 중간 등급입니다. 무조건 좋다 훌륭하다고 아부하

는 것이 가장 낮은 등급입니다.

　아부하는 것에 등급이 있다는 것은 기왕 아부를 하려거든 높은 등급의 아부를 하라는 뜻이 아닙니다. 겉으로는 고귀한 척하는 사람들이 속으로는 얼마나 명예나 이익에 급급한지를 비트는 말입니다. 겉으로는 깨끗한 척하는 사람들이 속으로는 얼마나 부패했는지를 꼬집는 말입니다.

좋은 말은
하기 좋은 말이 아니라 옳은 말입니다.

좋은 말은
듣기 좋은 말이 아니라 옳은 말입니다.

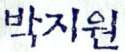

박지원

박지원(1737~1805년)은 조선 후기의 문신·문인이다. 호는 연암이다. 청나라의 문물을 배워야 한다는 북학파의 대표적인 학자이다. 많은 청년 인재들이 그의 지도를 받고, 새로운 학풍을 만들었다. 그의 활동 영역은 문학·철학·경세학·천문학·병학·농학 등 광범위했다.

연암집

《연암집》은 조선 후기의 실학자 박지원의 시문집이다. 〈마장전〉·〈예덕선생전〉·〈양반전〉 등의 소설이 실려 있다. 그의 소설은 서민의 생활상을 보여주는 동시에 우정의 소중함과 노동의 가치를 강조하고 있다. 《연암집》에 나타난 근대정신을 통해 박지원의 철학을 살필 수 있다.

🌸 이 글은 박세당이 말과 실천에 대해 쓴 것이다. 실천이 어려우니 어진 사람은 말을 더듬는 것처럼 보인다는 내용이다.

　말로만 성실할 뿐 실천이 없다면 겉모습만 씩씩한 사람이라고 할 수 있다. 어찌 진심으로 칭찬하겠는가? 사람은 빈말에 힘을 쏟지 말고 반드시 실천을 갖추려고 힘써야 한다.

　사마우가 '어짊[仁]'에 대해 질문하자, 공자께서는 "어진 사람은 말을 더듬는다."라고 말씀하셨다. 그러자 사마우는 공자에게 "말을 더듬는 것을 어질다고 할 수 있습니까?"라고 물었다. 이에 공자는 "실천하기가 어려우니, 말을 신중하게 해야 하지 않겠느냐?"고 하셨다. 이것은 말할 것을 먼저 실천한 다음에 말이 뒤를 좇아야 한다는 뜻이다.

　공자께서 "내가 말이 없으려고 한다."고 하자, 자공이 "선생님께

사마우 공자의 제자, 말을 잘 하고 성격이 급했다.
자공 공자의 제자, 말을 잘 하고 돈을 잘 벌었다.

서 만약 말씀을 하시지 않는다면 저희들은 무엇을 받들어 행해야 합니까?"고 했다. 이에 공자는 "하늘이 무슨 말을 하더냐? 계절이 바뀌고 온갖 사물이 태어나 자라는데, 하늘이 무슨 말을 하더냐?"고 했다.

  학문을 한다는 사람의 병폐는 항상 말은 하면서도 실천은 못하는 데 있다. 성인을 배운다고 하고서도 움직이고 수양하는 모습에서 깊이 본받지 못하고, 다만 말끝만 좇으려고 한다. 그러므로 공자께서는 말하고 싶지 않다고 하시면서, 그것을 깊이 경계한 것이다. 하늘은 본래 말을 하지 않지만 계절을 바꾸고 온갖 사물을 태어나고 자라나게 한다. 따라서 진리의 내용은 여기에 있지 저기에 있지 않다.

박세당 《사변록》 '논어'

이야기를 더하여

　어진 사람은 말을 더듬는다고 했습니다. 더듬는다는 것은 멍청해서가 아니라 그 말을 하고 나면 행동으로 옮겨야 하는데 그것이 얼마나 어려운 일인지 알기 때문에 신중하게 한다는 말입니다. 말만 번드르르하게 하는 사람은 말을 잘 하는 사람이 아닙니다.

　사람은 겉과 속이 같아야 합니다. 말과 실천이 같아야 합니다. 이것은 실천하기 어려우니 말도 하지 말라는 경고가 아닙니다. 말을 하면 꼭 실천할 수 있도록 열심히 해야 한다는 말입니다. 그럴 때 말 또한 그냥 빈말이 아니라 구체적이고 열정적인 말이 됩니다. 사람들은 그런 말에 마음이 움직입니다. 그런 말에는 진심과 성실이 묻어나고 꿈과 미래가 엿보이기 때문입니다.

　진짜 가르침은 조용히 가르칩니다. 자연은 말없이도 계절을 변화시키고 세상만물을 키워내는 힘이 있습니다. 자연처럼 자연스러워지는 것이 배움의 목표입니다. 자연스럽게 말과 실천이 하나가 되는 것이 말하기의 목표입니다.

식언(食言)

말을 먹으면

약속을 어기는 것입니다.

실언(失言)

말을 잃으면

믿음을 잃는 것입니다.

박세당

박세당(1629~1703년)은 조선 후기의 학자이다. 호는 서계·잠수·서계초이다. 당시의 정국을 주도하던 주자학을 비판하고 독자적 견해를 주장하였다. 1703년에 《사변록》을 지었는데, 이 때문에 사문난적(유교 사상에 어긋나는 말이나 행동을 하는 사람)이라는 낙인이 찍혔다.

논어

《논어》는 고대 중국의 사상가인 공자와 그의 제자들의 언행을 적은 유교 경전이다. 공자의 말, 공자와 제자의 대화, 공자와 당시 사람들의 대화, 제자들의 말, 제자들 간의 대화 등으로 구성되어 있다. 인생의 교훈이 되는 말들이 기록되어 있다.

말[言]이 달리는 길

이 글은 정조 임금이 언로에 대해 쓴 것이다. 말을 하지 않고 행동을 하지 않는 것이 최고의 몸가짐이 아니라는 내용이다.

언로(言말씀 언, 路길 로)는 나라의 핏줄과 같다. 핏줄이 막히면 사람의 원기가 막히듯, 언로가 제대로 열려 있지 않으면 모든 뜻이 막혀 버린다. 역사를 살펴보면, 세상을 올바르게 다스리는 도리는 오로지 언로의 융성 및 쇠락과 관련되어 있다.

그런데 오늘날 조정의 분위기는 왜 이렇게 깊이 시들어 버렸는가? 일과 마주하면 일단 피하고 보는 것이 세상의 풍속이 되어 버렸고, 임시변통으로 이리저리 꾸며대는 식으로 일을 처리하는 것이 한 집안의 계책이 되어 버렸다. 임금에게 잘못이 있어 간언해야 할 때에는 혹시 비위를 거스르지 않을까 두려워 피하고, 정치의 잘잘못에 대해 논의해야 할 때에도 혹시 동료들의 질투를 사지 않을까 염려해 피한다.

집안에서 부모형제가 경계로 삼으라고 하는 말이나 친구들이 서로 힘써 타이른다는 말은 모두, 몸가짐을 삼가고 옹졸하게 행동

임시변통 갑자기 생긴 일을 사정에 따라 둘러맞춰서 처리함.

하여 다른 사람에게 원망을 듣지 말라고 한 것뿐이다.

벼슬아치가 되어서 직분을 다함을 '삼간다'고 말하고, 생각이 자신의 지위나 분수를 넘지 않는 것을 두고 '옹졸하다'고 말한다. 그런데 그 지위에 있으면서도 그 직분을 다 하지 않은 자에 대해 어찌 삼간다거나 옹졸하다거나 하고 말할 수 있겠는가? 내가 임금의 자리에 오른 이후로 비록 간언을 받아들여 실제 정치에 활용하지는 않았다고 하더라도 또한 간언을 물리친 잘못을 범한 적도 없다.

그럼에도 요즘 들어 신하들은 무슨 거리낄 것이 있어 과감하게 나서서 말하지 못하는가! 더구나 그대들은 모두 내가 뜻을 이룰 수 있도록 기운을 북돋고 있는 신하들이다. 조정 바깥의 신하들과 비교해보면 자연스럽게 친하니, 내가 마음을 열고 간언을 구하는 마음을 깊이 생각해 나의 부족함을 채워주려고 정성을 다해야 할 것이다.

세세하고 긴 가르침은 필요 없다고 생각하지만, 마침 한 해를 시작하는 마당에 첫 **조참**이니 만큼, 내가 언로에 대해 걱정하는 바를 신하들에게 말하지 않고 누구에게 말하겠는가?

정조대왕 《홍재전서》 '훈어 1'

조참 임금에게 문안드리고 정사를 아뢴 행사.

이야기를 더하여

새해를 시작하며 새 마음으로 모인 정조 임금과 신하들입니다. 임금의 얼굴을 직접 보면서 자신의 말을 할 수 있는 신하는 소수에 불과했습니다. 높은 벼슬을 가진 사람으로 오랫동안 임금 옆에서 간언을 하던 사람들입니다.

언로는 말의 길입니다. 임금에게 바른말을 하는 것이 신하의 일입니다. 잘잘못을 가려 이야기 하는 것이 간언입니다. 잘한다고만 하는 것은 아첨일 뿐입니다. 언로는 말이 자유로운 길이어야 합니다. 언로는 말이 자유롭게 오고가는 길이어야 합니다.

무조건 하지 말라는 것이 얼마나 잘못된 것인지 지적하고 있습니다. '삼간다'는 것은 직분을 다함을 말하고, '옹졸하다'는 것은 자신의 지위를 넘지 않는 것을 말합니다. 그런데 자신이 일을 하지 않은 것을 삼간다거나 옹졸하다고 생각하고 있습니다. 그것은 그냥 자신이 맡은 일을 하지 않는 게으름일 뿐 삼가는 모습이 아닙니다.

거침없이 말하라!
조심하거나 그만두면 안 됩니다.

거리낌 없이 말하라!
그것이 당신의 권리이며 의무입니다.

정조

정조(1752~1800년)는 조선 제22대 왕이다. 호는 홍재이고, 영조 임금의 손자이다. 아버지는 뒤주에 갇혀 죽은 사도세자이다. 숙종·영조의 탕평론을 이어받는 정치를 하였다. 규장각을 만들어 많은 책들을 보관하게 했다. 문집으로 《홍재전서》가 있다.

일득록

〈일득록〉은 조선 정조 임금의 어록이다. 정치, 평론, 인물, 문학 등에 대하여 정조가 한 말을 기록하여 펴낸 책이다. 〈일득록〉 중 '훈어'는 임금과 사대부에 대한 반성과 혁신에 대한 내용이 담겨 있다. 《홍재전서》에 실려 있다.

🏵 이 글은 이익이 소문에 대해 쓴 것이다. 아무런 근거없이 뜬소문만으로 다른 사람에 대해 말하는 일은 나쁘다는 지적이다.

옛글에 "당나라의 측천무후(당고종의 황후)가 신하들을 억눌러 복종시키려고 간관들로 하여금 세간에 떠도는 뜬소문으로 다른 사람의 단점을 말하도록 했다. 그래서 당시 사람들은 서로 험악한 말로 탄핵하여 다른 사람을 쓰러뜨리려고 했다."고 했다. 측천무후 때 생긴 이와 같은 일이 바로 뜬소문으로 다른 사람에 대해 말하는 잘못의 시초라고 할 수 있다.

우리나라에서는 연산군 때부터 이와 같은 일이 시작되어 지금에 이르렀다. 간관들이 오로지 세간에 나도는 소문만으로 자신의 책임을 다 하다가, 혹 임금에게 아뢴 내용과 실제 내용이 어긋날 경우 즉시 소문이 잘못 전해졌다는 핑계를 내세우고 자신의 잘못을 회피한다. 이와 같은 일이 이미 모두 습관이 되어 있어서 이상하게 여기지도 않는다.

사람들은 "만약 관리의 잘못을 아뢰지 않는다면, 나쁜 정치가 어찌 조금이나마 줄어들 수 있겠는가?"라고 말한다. 그러나 그 말

은 매우 잘못되었다. 실제 보지도 않고 뜬소문만 들었기 때문에, 죄 줄만한 근거는 없고 오로지 험악한 상황만 만들어낼 뿐이다. 그래서 권력가들은 반드시 빠져 나가고, 설령 탄핵을 당하더라도 부끄럽게 생각하지 않는다. 오히려 아침에 탄핵을 받고도 저녁에는 다시 벼슬에 오른다.

어떤 사람에 대해 논할 때는 반드시 근거가 있어 감히 숨기지 못하도록 해야 한다. 만약 뜬소문으로 다른 사람을 모함해 해칠 기회를 엿본다면, 어찌 무고죄라고 하지 않을 수 있겠는가? 나는 성군의 시대에는 이와 같은 나쁜 습관이 없었다고 생각한다. 측천무후와 연산군 시대의 잘못은 결코 본받아서는 안 될 일이다.

　　　　　　　이익《성호사설》'뜬소문으로 다른 사람을 논하는 일'

무고죄 남을 해칠 목적으로 거짓을 날조하여 고발하는 죄.

이야기를 더하여

옛날에 어떤 왕이 뜬소문으로 다른 사람의 단점을 말하도록 만들었습니다. 그래서 너도나도 험악한 말로 서로를 쓰러뜨리게 되었습니다. 말이 더 이상 말이 아니라 다른 사람을 해치는 무기가 되었습니다.

말로 다른 사람을 무너뜨리는 것을 너무 자주 하다 보니 습관이 되었습니다. 말로 다른 사람을 쓰러뜨리는 것을 너무 오래 보다 보니 이상하게 생각하지도 못합니다.

사람들은 그래도 다른 사람의 단점을 말해야 나쁜 일이 조금이나마 줄어들 거라고 생각합니다. 하지만 그 말은 잘못되었습니다.

그렇게 되면 일이 해결되기는커녕 오히려 험악한 분위기만 생길 뿐입니다. 이렇게 되면 힘 있는 사람은 다 빠져 나가고, 힘없는 사람만 피해를 보게 됩니다. 힘 있는 사람은 다시 살아나고, 힘없는 사람만 다치게 됩니다.

어쩐 일인지 우리 곁에는
소문이 난 사람은 있는데,
소문을 낸 사람은 없습니다.

소문의 문제점은
믿을만하지 않다는 것이 아니라,
아무도 책임지지 않는다는 것입니다.

이익

이익(1681~1763년)은 조선 후기의 실학자이다. 호는 성호이다. 아버지의 유배지에서 막내아들로 태어났다. 1682년에 아버지가 돌아가신 후 그는 안산의 성호장에서 평생을 지냈다. 천문·지리·수학·의학 등에 능통하고, 저서로 《성호사설》 등이 있다.

성호사설

《성호사설》은 이익이 평소에 책을 읽다가 느낀 점이 있거나 흥미 있는 사실이 있으면 기록한 것과 제자들의 질문에 답변한 내용들을 정리한 책이다. 당시 사회의 모순과 개혁안을 동시에 볼 수 있는 자료이다.

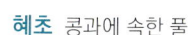 이 글은 신흠이 말과 침묵에 대해 쓴 것이다. 말을 해야 할 때 침묵하거나 침묵을 지켜야 할 때 말을 하면 안 된다는 내용이다.

　　마땅히 말을 해야 할 때 침묵해서는 안 되고 또 마땅히 침묵을 지켜야 할 때 말을 해서도 안 된다. 말을 해야 할 때 말하고, 침묵해야 할 때 침묵하는 것은 오로지 군자만이 할 수 있는 일이다.

　　군자가 침묵하면 때로는 깊고 미묘한 하늘 같고, 때로는 심오한 연못 같고, 때로는 흙으로 만든 조각 같다. 그러나 군자가 말을 하면 때로는 구슬이나 옥 같고, 때로는 혜초와 난초 같고, 때로는 종과 북 같다.

　　깊고 미묘한 하늘은 바라보아도 그 끝을 볼 수 없고, 심오한 연못은 굽어보아도 그 밑바닥을 들여다볼 수 없고, 흙으로 만든 조각은 마주보고 있어도 그 얼굴 표정을 볼 수 없다. 구슬과 옥은 임금이 쓰는 면류관을 장식하고, 혜초와 난초는 향기를 피우며, 종

혜초 콩과에 속한 풀.

과 북은 세상에 소리를 울려 퍼지게 한다.

　이보다 더 중요하고 귀한 것이 있겠는가. 마른 나무처럼 침묵을 지키고, 광대처럼 떠드는 것을 나는 결코 보고 싶지 않다.

　　　　　　　　　　　　　　　신흠《상촌집》'말과 침묵'

이야기를 더하여

침묵은 말이 없는 상태가 아니라 말의 한 종류입니다. 침묵이라는 말을 통해 말하는 것입니다. 때로는 말보다 더 큰 울림으로 말하는 웅변입니다. 때로는 수 천 마디 말보다 더 깊은 감동이 있는 가르침입니다.

훌륭한 사람의 침묵은 그 끝을 알 수 없는 하늘 같고, 그 밑바닥을 볼 수 없는 연못 같습니다. 높고 깊고 묵직하게 말없는 가르침을 줍니다. 훌륭한 사람의 말은 임금이 머리에 쓰는 면류관을 장식하는 보석처럼 빛나고, 마치 종과 북을 쳐서 울려 퍼지게 하듯이 세상을 향해 자신의 말을 널리 알립니다.

침묵해야 할 때와 말을 해야 할 때가 다릅니다. 어리석은 사람은 종종 순서를 바꿉니다. 말을 해야 할 때 침묵하면 마른 나무처럼 뻣뻣하기만 합니다. 침묵해야 할 때 말을 하면 어릿광대처럼 떠들게 됩니다.

말을 잘한다는 것은
그럴듯하게 남을 속이거나
감히 쳐다볼 수 없도록 만드는 것이 아닙니다.

말을 잘한다는 것은
말 할 때와 그칠 때를 아는 것
말 할 곳과 그칠 곳을 살피는 것입니다.

신흠

신흠(1566~1628년)은 조선 중기의 문인·정치가이다. 호는 상촌·현헌·방옹이다. 7세 때 부모를 잃고 외할아버지 밑에서 자랐다. 성리학뿐 아니라 음양학·잡학에도 관심이 많았다. 이정귀·장유·이식과 함께 한문사대가의 한 사람이다. 저서로 《상촌집》을 남겼다.

상촌집

《상촌집》은 신흠의 시문집이다. 성리학적 사상과 그가 일생동안 겪은 일에 대한 다양하고 폭넓은 생각이 담겨있는 책이다. 임진왜란을 계기로 변화하는 조선시대 연구에 필요한 자료이다.

다른 사람과
소통할 수 있는
이유

🌼   이 글은 최한기가 정신과 기운의 움직임에 대해 쓴 것이다. 다른 사람의 마음을 움직이려면 정신이 깃들어 있어야 한다는 내용이다.

　내 말이 정신과 기운의 움직임으로부터 비롯되었다면, 듣는 사람의 정신과 기운을 움직일 것이다. 또한 내 책이 정신과 기운의 활발한 움직임으로부터 나왔다면, 그 책을 읽고 해석하는 사람의 정신과 기운을 불러일으킬 것이다. 나아가 글과 그림으로 실제 모습을 묘사하는 일이 정신과 기운을 통했다면, 다른 사람의 마음을 즐겁게 할 것이다.

　그러나 내 말이 정신과 기운의 움직임으로부터 비롯되지 않았다면, 아무리 문장을 화려하게 꾸민다고 해도 듣는 사람의 정신과 기운을 움직이지 못할 것이다. 또한 내 책이 정신과 기운의 활발한 움직임으로부터 나오지 못했다면, 아무리 글의 배열이 좋다고 해도 읽는 사람의 정신과 기운을 불러일으키지 못할 것이다. 글과 그림을 통해 실제 모습을 묘사하는 일이 정신과 기운을 통하지 않았다면, 다른 사람의 마음을 즐겁게 하지 못할 것이다.

　다른 사람의 말, 책, 실제 모습, 글과 그림 역시 정신과 기운이

깃들어 있으면 나의 정신과 기운을 움직이게 한다. 그러나 그렇지 않으면 아무런 움직임도 없다. 여기에서 나와 다른 사람의 정신과 기운이 다르지 않다는 사실을 알 수 있고, 천하의 모든 것이 한 가지임을 깨달을 수 있다.

만약 세상 모든 사람의 정신과 기운이 제각각 다르다면, 내가 어찌 다른 사람의 정신과 기운을 통할 수 있고, 다른 사람이 나의 정신과 기운을 통할 수 있겠는가.

　　　　　　　　　　최한기 《기측체의》 '말과 글 그리고 정신과 기운'

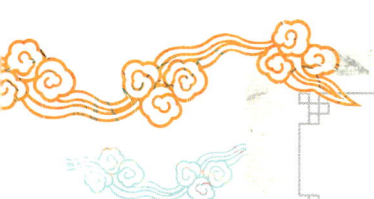

이야기를 더하여

　나와 다른 사람이 말이 통하는 이유는 나와 다른 사람이 다르지 않기 때문입니다. 세상의 모든 것이 같은 정신과 기운으로 이루어져 있습니다.

　그래서 우리는 다른 사람과 대화하고 공감할 수 있습니다. 내가 다른 사람이 하는 말을 알아듣고, 다른 사람이 나의 말을 알아들을 수 있습니다. 직접 그 일을 겪지 않아도 진심으로 슬퍼하거나 기뻐해줄 수 있습니다. 이것이 우리가 말을 주고받을 수 있는 바탕이 되고, 나아가 함께 살 수 있는 기초가 됩니다.

　대화란 나와 당신이 혹은 당신과 내가 서로의 기운을 읽고 느끼는 것입니다. 영혼이 없는 말은 그 누구의 마음도 움직일 수 없습니다.

　스스로를 감동시키지 못한 말에 누가 감동 하겠습니까? 스스로를 설득시키지 못한 말로 누구를 설득할 수 있겠습니까?

'기운'은
나의 정신이며
나의 영혼이며
나의 진심입니다.

기운은 '나'입니다.

최한기

최한기(1803~1877년)는 조선 말기의 학자이다. 호는 혜강·패동·명남루이다. 그의 양아버지는 책을 많이 수집한 사람이었다. 덕분에 최한기는 폭넓은 독서를 할 수 있었다. 그는 실학사상을 계승하면서 그것을 더욱 발전시켜 근대적 개화사상에 연결시켰다.

기측체의

《기측체의》는 최한기가 지은 철학서이다. 1836년에 《추측록》과 《신기통》을 합쳐 《기측체의》를 만들었다. 이 책에서 그는 유학을 실증적, 과학적 방법으로 분석하였다. 본래 가지고 있던 동양의 학문과 새롭게 전해지는 서양의 학문을 탐구하고 고민하는 선비의 모습을 볼 수 있는 자료이다.

❀   이 글은 윤휴가 말에 대해 쓴 것이다. 말할 만한 것은 말해야 하고, 말해서는 안 되는 것은 말하지 않아야 한다는 내용이다.

옛 사람들은 말을 적게 하는 것을 소중하게 여겼다. 말을 하는 이유는 자신의 뜻을 표현하기 위해서인데, 왜 말을 적게 해야 한다고 여겼겠는가. 단지 말할 만한 것은 말해야 하고, 말해서는 안 되는 것은 말하지 않아야 한다는 사실을 지적한 것일 뿐이다.

다른 사람에게 자신을 자랑하기 위한 말은 하지 않아야 하고, 다른 사람을 헐뜯는 말 또한 하지 않아야 한다. 진실이 아니면 말하지 않아야 하고, 바르지 못하면 말하지 않아야 한다. 말을 할 때 이 네 가지를 경계한다면, 말을 적게 하려고 애쓰지 않아도 저절로 그렇게 된다.

옛 사람들은 "군자는 부득이한 경우가 아니면 말하지 않는다."

군자 학식이 높고 행실이 어진 사람.

고 했고, 또한 "선한 사람은 말수가 적다."고 했다. 꼭 말을 해야만 할 때 말하는 것이 바로 말을 적게 하는 것이다.

  나는 이와 같은 말을 익혀 외운 지 오래되었는데도, 제대로 지키지 못해 항상 부끄러움을 느낀다. 그래서 이 글을 적어 스스로 마음 속에 새기고자 한다.

윤휴《백호전서》'말에 관해 말한다'

이야기를 더하여

조심은 아무 것도 하지 말라는 당부가 아닙니다. 조심(操잡을 조, 心마음 심)은 마음을 잡는 일이고, 마음을 다잡는 일이고, 마음을 다스리는 일입니다. 우리는 훈련과 노력을 통해 자신의 마음을 다스릴 수 있습니다.

말조심은 말을 하지 말라는 당부가 아닙니다. 말을 잘 하라는 것입니다. 말을 적게 할수록 훌륭하다면 평생 한 마디도 하지 않는 사람이 가장 훌륭하다는 말이 되겠지요. 말하기는 자신의 믿음과 생각을 아름답게 표현하는 것입니다. 어려워할 필요도 없고 두려워할 필요도 없습니다. 우리는 훈련과 노력을 통해 자신의 말을 다스릴 수 있습니다.

알고 있다는 것은 언제 한번 배운 적이 있다는 것이 아닙니다. 그것을 잊지 않고 지키는 것이 정말 아는 것입니다. 알고 있다는 것은 머리로 외웠다는 것이 아닙니다. 그것을 제대로 지키기 위해 마음 속에 새기는 것이 정말 아는 것입니다.

잠깐!
지금 하려는 그 말
다른 사람이 아니라 당신 이야기라면……

당신이 들어도 재밌고
당신이 들어도 자랑스럽고
당신이 들어도 괜찮은 말인가요?

윤휴

윤휴(1617~1680년)는 조선 후기의 문신·학자이다. 호는 백호·하헌이다. 외할아버지에게서 학문의 기초를 익히고, 이후 이수광의 아들인 이민구와 이원익에게서 배웠다. 주자의 학설과 사상을 비판·반성하는 독자적 학문체계를 수립하였다. 《백호전서》를 남겼다.

백호전서

《백호전서》는 윤휴의 문집이다. 윤휴는 주자가 《중용》을 33장으로 나누었던 것과 달리 10장 28절로 나누었는데, 이것이 사문난적(유교 사상에 어긋나는 말이나 행동을 하는 사람)으로 지목당하는 직접적 원인이 되었다.

이 글은 유중림이 몸가짐에 대해 쓴 것이다. 몰래해야 하는 말이라면, 아예 입 밖에 내지 말라는 내용이다.

말을 조심해야 하고, 비난과 칭찬을 경계해야 한다. 말을 삼가지 않으면 재앙을 부르게 된다. 옛날 양운이라는 사람은 시 때문에 죽임을 당했다. 또 서순이라는 사람은 말 한 마디를 잘못했다가 시체가 저잣거리에 내걸리는 형벌을 받았다.

이들은 모두 입을 잘못 놀려 재앙을 당했으니, 겉으로 뚜렷이 드러나는 말만 조심해서는 안 된다.

하고 싶은 말이 있다고 해도 반드시 앞을 생각하고 뒤를 살펴보아야 한다. 등 뒤에서 할 말이라고 해도 얼굴을 마주 보고 할 수 있는 말이 아니라면 하지 말아야 한다. 이제 막 입 밖으로 꺼낼 말이 진실로 피해야 할 말이라면 끝내 입을 다물어야 한다.

저잣거리 가게가 죽 늘어서 있는 길거리.

　병은 입으로 들어오고, 재앙은 입에서 나간다고 했다. 그러므로 만 가지의 말이 만 번 다 옳다고 해도, "말을 많이 하지 않아야 한다. 말이 많으면 실수도 많은 법이다."는 것보다 못하다. 이 말은 되풀이해서 읽어도 진실로 약이 될 만하다.

　　　　　　　　　　　　　　유중림 《증보산림경제》 '수신'

이야기를 더하여

　유중림은 의사였습니다. '병은 입으로 들어오고 재앙은 입에서 나간다.'는 말을 의사가 하니까 더 실감이 납니다. 입은 병균이 우리 몸으로 들어오는 길일 수 있습니다. 입으로 먹고 마시는 동안 병균이 들어오면, 우리 몸이 아프게 됩니다. 입은 재앙의 출발점일 수 있습니다. 말을 주고받는 동안 실수를 하면, 우리 삶이 고달프게 됩니다.

　병을 고치기는 어렵지만 예방은 훨씬 쉽습니다. 손을 잘 닦고 깨끗한 생활을 하면 됩니다. 말도 마찬가지입니다. 이미 입 밖으로 나가버린 말은 주워담기 어렵지만 말을 하기 전에는 조심할 수 있습니다. 앞을 생각하고 뒤를 살펴보며 말을 하면 됩니다.

　남의 등 뒤에서나 할 수 있는 말은 하는 게 아닙니다. 남의 등 뒤에서나 들을 수 있는 말은 듣는 게 아닙니다. 그 사람 앞에서 할 수 없는 말을 몰래 주고받는 것은 나쁜 행동입니다.

등 뒤에서나 할 수 있는 말은
하지 말아요.
등 뒤에서나 들을 수 있는 말은
듣지 말아요.

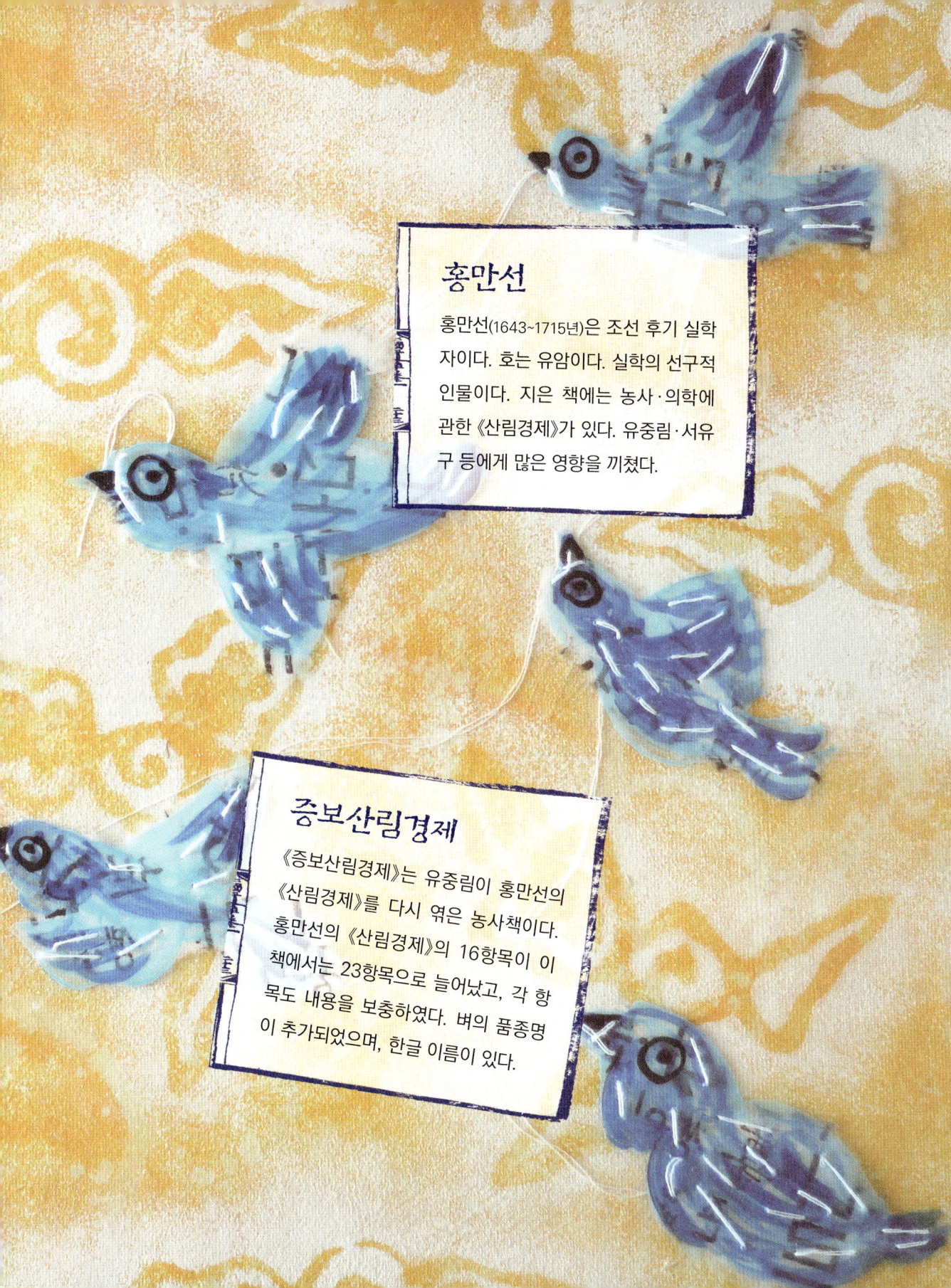

홍만선

홍만선(1643~1715년)은 조선 후기 실학자이다. 호는 유암이다. 실학의 선구적 인물이다. 지은 책에는 농사·의학에 관한 《산림경제》가 있다. 유중림·서유구 등에게 많은 영향을 끼쳤다.

증보산림경제

《증보산림경제》는 유중림이 홍만선의 《산림경제》를 다시 엮은 농사책이다. 홍만선의 《산림경제》의 16항목이 이 책에서는 23항목으로 늘어났고, 각 항목도 내용을 보충하였다. 벼의 품종명이 추가되었으며, 한글 이름이 있다.

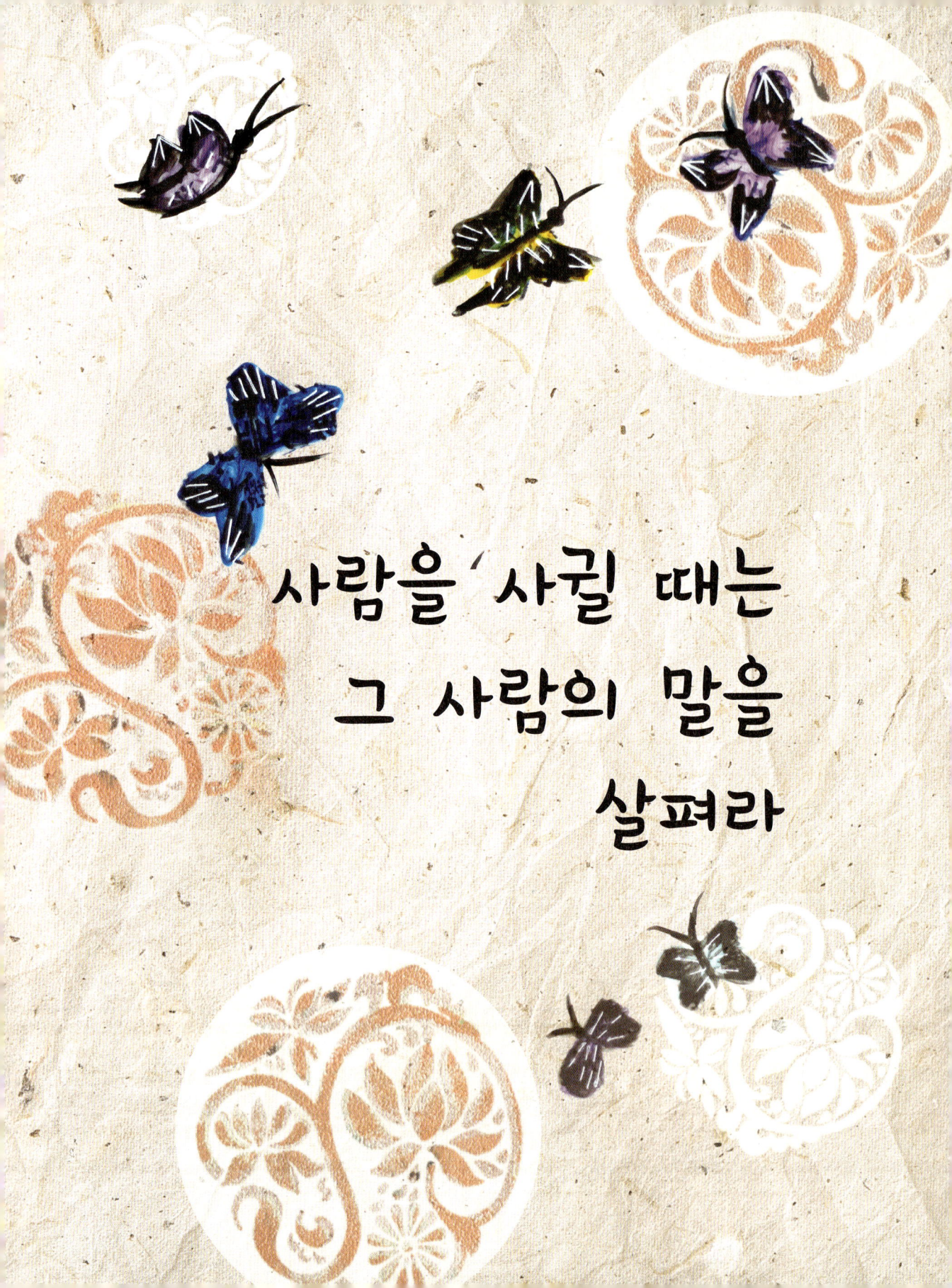

🌼　이 글은 박지원이 중옥에게 보내는 짧은 편지이다. 겉과 속이 다를 수 있으니 사람을 사귈 때는 신중하게 판단해야 한다는 내용이다.

어지러운 세상을 만나 사람을 사귈 때는 마땅히 그 사람의 말이 간략하고, 기운이 차분하며, 성품이 소박한지 살펴야 한다. 마음 속에 나쁜 생각을 품고 있는 사람과는 절대로 교제해서는 안 되고, 뜻이 허황되거나 지나치게 떠벌이는 사람과도 사귀어서는 안 된다.

사람들이 말하는 이른바 '쓸모 있는 사람'이란 쓸모 없는 사람일 수 있고, 또한 사람들이 말하는 이른바 '쓸모 없는 사람'이 쓸모 있는 사람일 수 있다.

세상이 편안하고, 사람들이 즐겁고, 고을에는 아무런 사고도 없는데 참으로 쓸모 있는 사람이라면 왜 자신의 재주와 기운을 드러내면서까지 경솔하게 남에게 보여주려고 힘을 쓰겠는가?

갑옷을 입고 말에 오르는 것은 겉으로 보기에는 용맹한 듯하나 실제로는 늙은 노인의 상투적인 습관일 뿐이다. 구태여 60만 군사를 달라고 청한 것은 겉으로 보기에는 겁쟁이인 듯하나 실제로는 지혜로운 사람의 계책이라고 할 수 있다.

 박지원 《연암집》 '중옥에게 답하다'

갑옷을 …… 습관 왕이 사람을 보내 염파가 아직 쓸 만한지를 알아 오게 하였다. 염파는 한 말의 밥을 먹고 열 근의 고기를 먹은 다음 갑옷을 입고 말을 타고서 자신이 아직도 쓸 만한 장군임을 과시하였다. 그러나 사자는 돌아가 보고하기를 "염파가 비록 늙기는 하였으나 아직까지 밥은 잘 먹습니다. 하지만 신과 함께 앉아 있으면서 잠깐 새에 세 번이나 변을 보았습니다." 하니, 왕은 그를 부르지 않았다.

60만 …… 계책 진시황이 초나라를 정벌하기 위해 이신을 불러 묻자 이신이 20만 명이면 충분하다고 답하였다. 다시 왕전을 불러 묻자 왕전은 60만 명은 있어야 한다고 답하였다. 진시황은 왕전이 늙어서 겁이 많다고 생각하고 이신을 출전시켰으나 패배하고 말았다.

이야기를 더하여

　사람의 겉과 속이 다를 수 있으니, 친구를 사귈 때는 신중해야 합니다. 겉으로는 멋진 사람 같은데 속으로는 욕심을 품고 있는 사람은 멀리 해야 합니다.
　그렇다면 사람의 속을 어떻게 볼 수 있을까요? 사람의 속은 말을 살펴보면 알 수 있습니다. 마음 속에 품고 있는 생각은 말을 하는 것을 잘 들으면 알 수 있기 때문입니다.

　세상에는 '쓸모 있는 사람'과 '쓸모 없는 사람'이 있습니다. 그렇다면 쓸모 있는 사람과 쓸모 없는 사람은 어떻게 알아볼 수 있을까요?
　세상은 평안한데 자신의 힘과 지혜를 자랑하기 위해 요란스럽게 일을 벌인다면 그 사람은 정말 쓸모 없는 사람입니다. 평소에는 조용하다가 세상이 어지러울 때 자신의 힘과 지혜를 쓰는 그 사람은 정말 쓸모 있는 사람입니다.

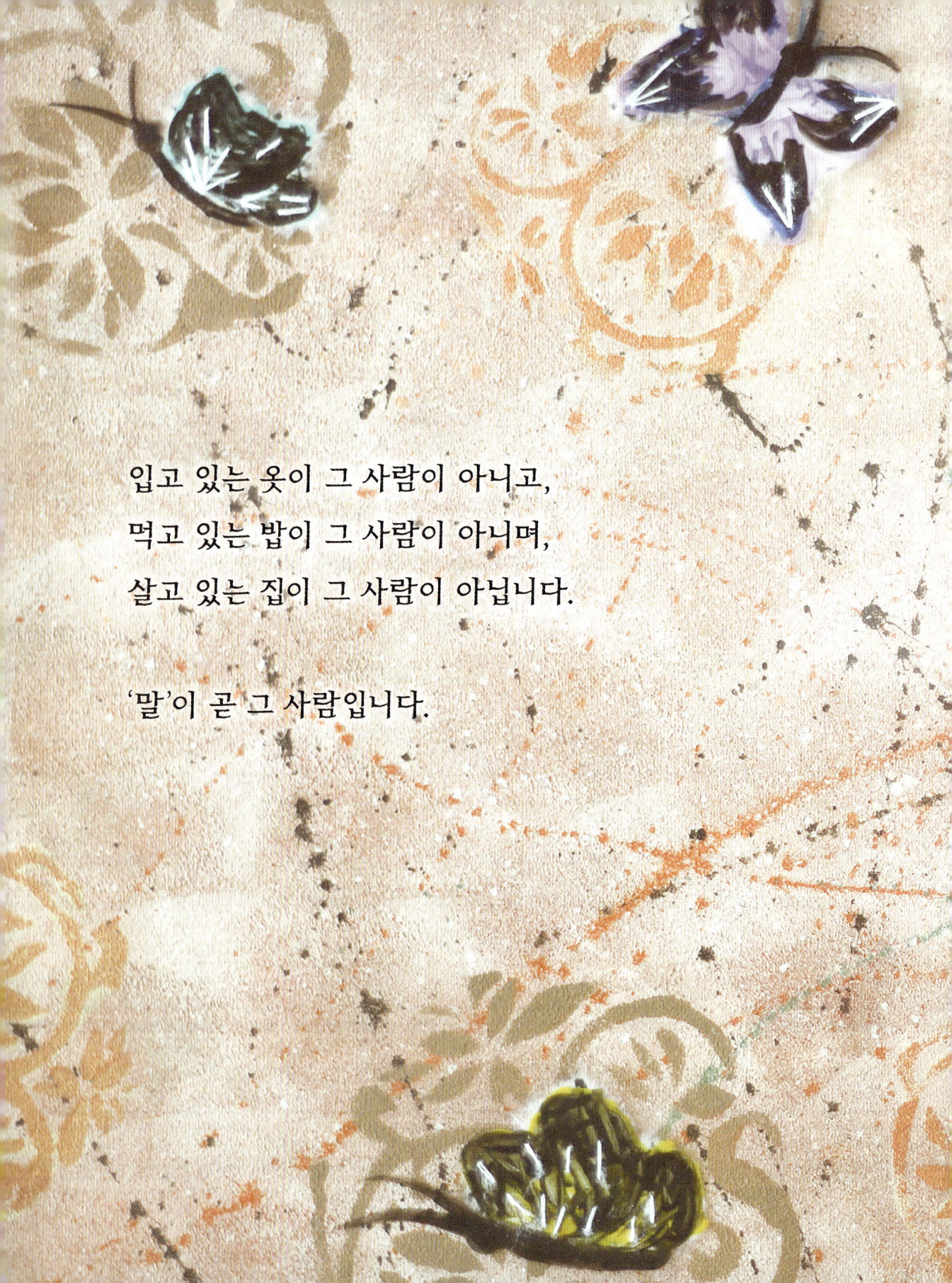

입고 있는 옷이 그 사람이 아니고,
먹고 있는 밥이 그 사람이 아니며,
살고 있는 집이 그 사람이 아닙니다.

'말'이 곧 그 사람입니다.

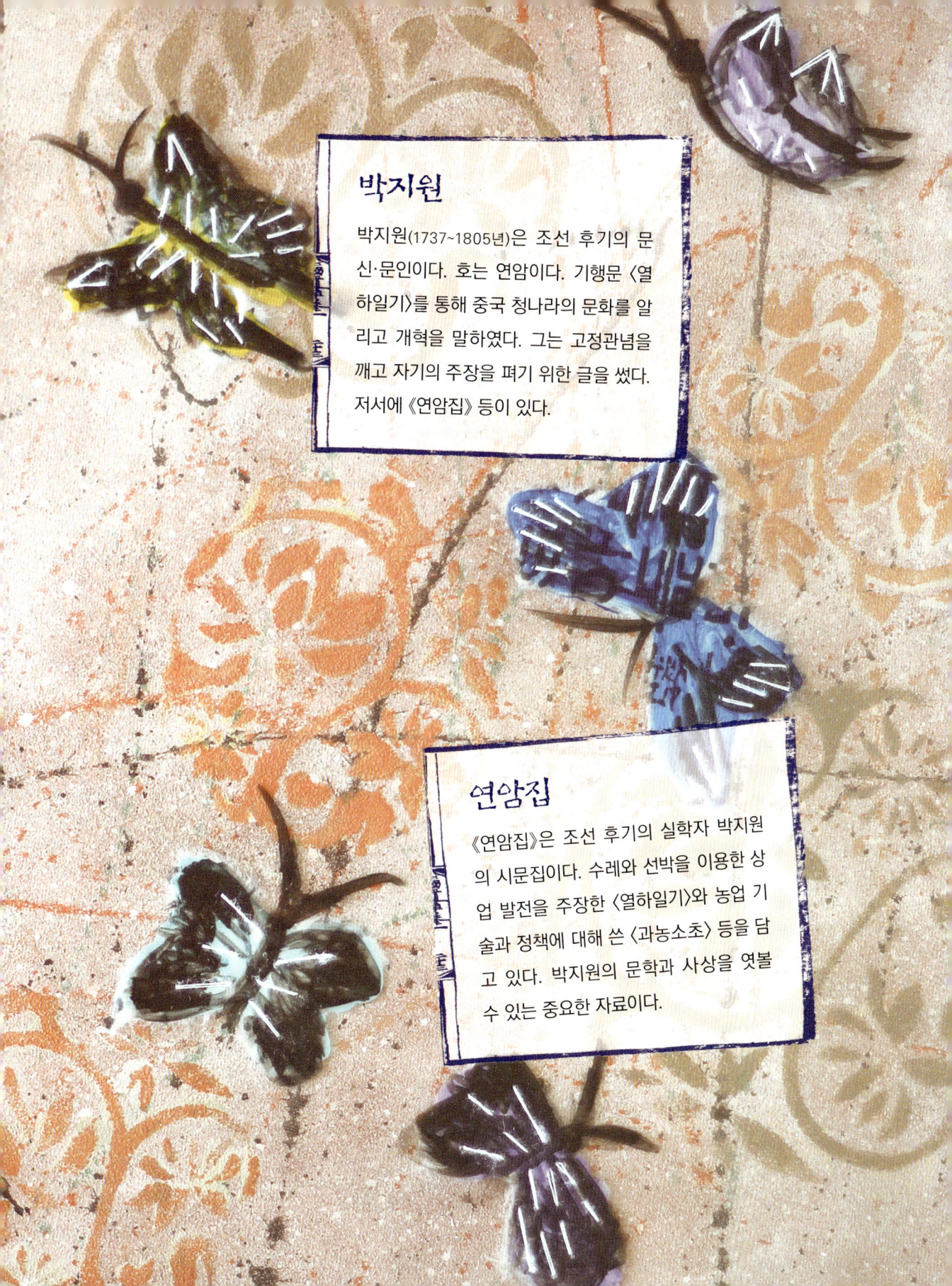

박지원

박지원(1737~1805년)은 조선 후기의 문신·문인이다. 호는 연암이다. 기행문 〈열하일기〉를 통해 중국 청나라의 문화를 알리고 개혁을 말하였다. 그는 고정관념을 깨고 자기의 주장을 펴기 위한 글을 썼다. 저서에 《연암집》 등이 있다.

연암집

《연암집》은 조선 후기의 실학자 박지원의 시문집이다. 수레와 선박을 이용한 상업 발전을 주장한 〈열하일기〉와 농업 기술과 정책에 대해 쓴 〈과농소초〉 등을 담고 있다. 박지원의 문학과 사상을 엿볼 수 있는 중요한 자료이다.

🌸   이 글은 이이가 학교에서 지켜야할 규칙에 대해 쓴 것이다. '학교모범'의 16가지 규칙 중 넷째와 다섯째 부분이다.

넷째는 말을 삼가는 것이다. 배우는 사람이 행실을 닦으려면 반드시 말을 삼가야 한다. 사람의 잘못은 말에서 나오는 경우가 많다. 그러므로 말은 반드시 정성스럽고 믿음직스럽게 해야 한다. 때 맞추어 말해야 하고 긍정이나 허락 할 때 무겁게 해야 한다. 목소리는 엄숙해야 하고, 익살스럽게 떠들지 말아야 한다.

문자의 뜻과 이치에 이로운 말만 하고 황당한 귀신의 이야기나 뒷골목의 험한 말을 입 밖으로 내보내서는 안 된다. 그리고 무리들과 잡담을 하거나, 정치를 함부로 논하거나, 다른 사람의 장단점을 논하는 것은 모두 공부에 방해되는 것이니 일체 경계해야 할 것이다.

다섯째는 본마음을 간직하는 것이다. 배우는 사람이 몸을 닦으려면 안으로 마음을 바로잡아 밖의 유혹을 물리쳐야 한다. 그런 뒤에야 온갖 간사함이 물러나 진실한 덕에 나아갈 수 있다. 그러므로 배우는 사람이 먼저 할 일은 마음을 가라앉히고 가만히 앉

아서 본마음을 찾는 것이다.

모든 일에 선악을 살펴 그것이 선일 때에는 그 의리를 깊이 연구하고, 그것이 악일 때에는 그 싹을 잘라내어야 한다. 본마음을 간직하여 노력하면, 모든 말과 행동이 의리에 꼭 들어맞게 될 것이다.

이이《율곡집》'학교모범'

이야기를 더하여

이이는 학교에서 지켜야할 규칙을 세워 '학교모범'을 만들었습니다. 이이는 학교에서 제자가 이 규칙을 지켜야 하는 것은 당연한 일이고, 스승 또한 이 규칙을 먼저 자신에게 적용해야 한다고 했습니다.

모두가 지켜야 하는 것이기 때문에 학생들도 지켜야 하는 것입니다. 어린이들에게만 온갖 규칙을 들이대는 지금과는 전혀 다른 모습입니다.

말의 중요성을 말합니다. 허락할 때 무겁게 하라는 말은 대답은 쉽고 책임은 무겁기 때문입니다. 익살스럽게 떠들지 말라는 말은 재미는 짧고 해로움은 길기 때문입니다. 험한 말을 하지 말라는 말은 욕을 먹는 상대보다 자신이 더 욕되기 때문입니다.

본마음의 중요성을 말합니다. '규칙'은 누군가 정하면 나는 지키거나 어긴다고 생각하기 쉽습니다. 하지만 진짜 규칙의 기준은 나의 본마음입니다.

목소리는
건강·지능·성격·기분……
많은 것들이 들어 있고,
많은 것들을 들려줍니다.

이이

이이(1536~1584년)는 조선 중기의 문신·학자이다. 호는 율곡·석담·우재이다. 어머니는 신사임당이다. 이이는 흔들리는 사회 질서를 다시 세우기 위해 각종 제도를 개혁하고자 하였다. 그의 영향으로 김장생-송시열-한원진으로 이어지는 이이 학파가 형성되었다.

율곡집

《율곡집》은 이이의 문집이다. 그는 정통 성리학과 함께 불교와 여러 학설에 대해서도 깊은 이해를 갖고 있었다. 이 책은 그의 정치·철학·역사·사상을 이해하는 데 소중한 자료이며, 조선시대 성리학을 이해하는 데 중요한 자료이다.

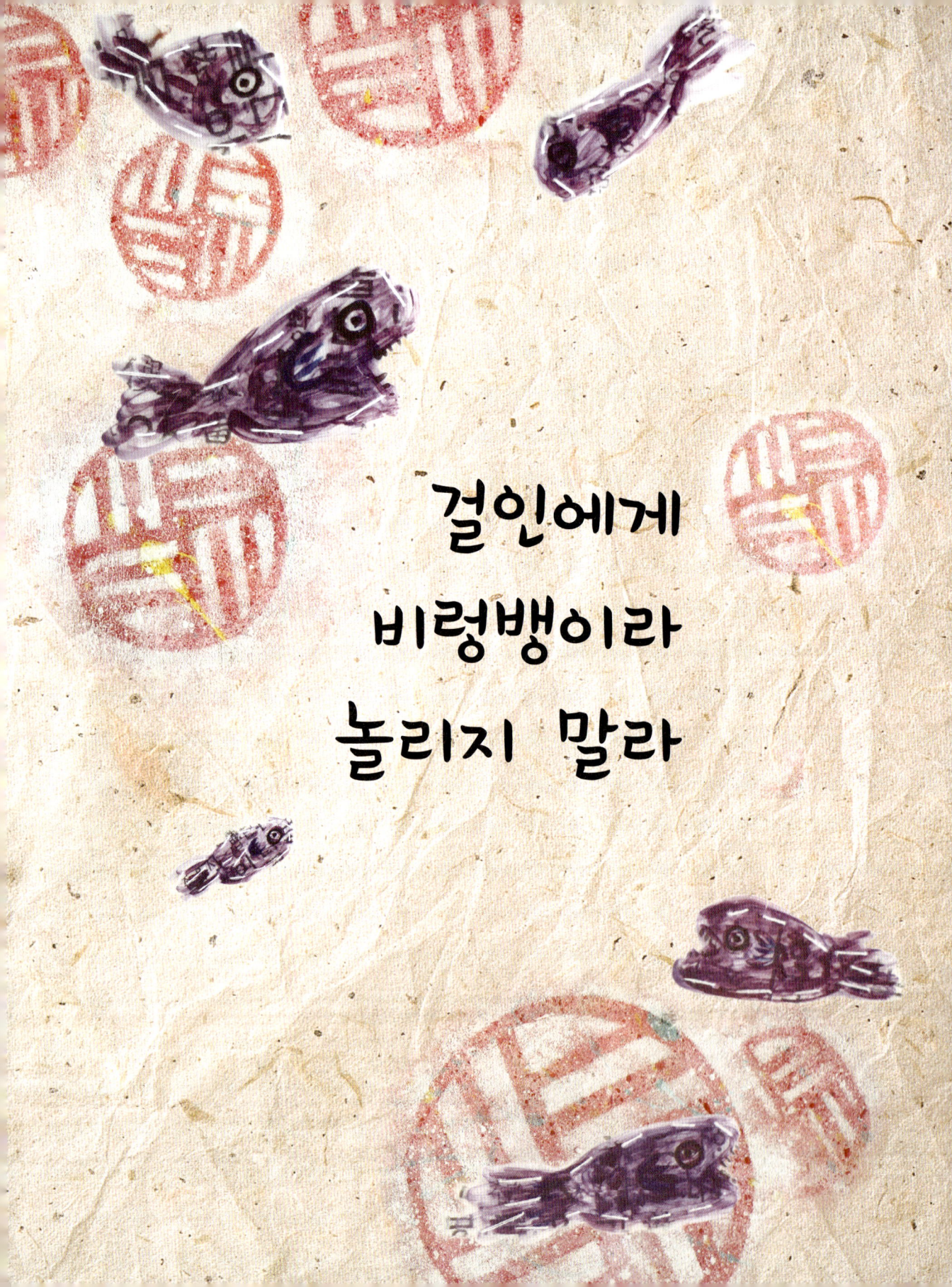

🌸 이 글은 이덕무가 어린이들의 행동에 대해 쓴 것이다. 어려서부터 몸가짐을 조심하지 않으면 자라서는 더욱 엉망이 된다는 내용이다.

보통 어린아이들은 급하게 말하거나 빨리 걷는다. 어른들은 이같은 행동을 보면 그 때마다 삼가도록 하여 고쳐주어야 한다.

어린아이들은 고치기 힘든 고질적 습관을 갖고 있는 사람을 보고서, 장난삼아 흉내내서는 안 된다. 눈을 깜빡거리거나 말을 더듬는 사람을 흉내내다가는 습관으로 굳어지기 쉽다. 어찌 경계하지 않을 수 있겠는가? 어렸을 때부터 몸가짐을 잘 배운 사람 치고 훌륭한 선비가 되지 못한 경우를 나는 보지 못했다.

어린아이들은 입이 가볍다. 마땅히 신중히 말하도록 교육시켜야 한다. 걸인을 보고서 비렁뱅이라 놀리지 말고, 애꾸눈을 보고서 외눈배기라 부르지 못하도록 해야 한다. 또한 참혹하고 해괴하고 원통한 말을 쉽게 입 밖에 내지 못하도록 해야 한다.

어른이 집에 없는 틈을 타서 친구들을 모아 시끄럽게 떠들며 못

할 짓이 없이 놀다가, 어른의 기침 소리가 들리면 창문을 뚫어 엿보고는 걸음을 가만가만 걷고 말을 조용조용히 하며 억지로 글을 읽는 체하는데, 어른을 그렇게 속일 수 있겠는가?

　옛 글에 "그 폐와 간을 환히 들여다보는 것과 같다."고 하였다. 대범한 아이들은 이처럼 속이고도 태연한데, 이 버릇을 고치지 않으면 어른이 되어서 소인이 되고도 남을 것이다. 이런 일은 따끔하게 혼내야 옳지 용서해서는 안 된다.

　　　　　　　　　　　　　　　　　이덕무《사소절》'행동거지'

소인 도량이 좁고 간사한 사람.

이야기를 더하여

반복하다가 몸에 익은 것을 습관이라고 합니다. 습관에는 좋은 습관도 있지만 나쁜 습관도 있습니다. 이상한 행동을 재미로 따라 하다가 자신도 모르는 사이에 나쁜 습관이 되어 버릴 수도 있습니다.

욕을 하거나 남의 마음을 아프게 하는 말을 하면 안 됩니다. 약한 사람을 놀리는 것은 큰 잘못입니다. 남을 놀리는 것은 스스로 마음이 못생겼음을 세상에 알리는 어리석은 일입니다.

사람을 몽둥이로 때리거나 주먹으로 치는 것만이 폭력이 아닙니다. 나쁜 말은 어떤 것보다 심한 폭력입니다. 말로 때리면 눈에 보이지는 않지만 가슴 속 깊은 곳에 상처가 생깁니다. 그 상처를 아물게 하려면 많은 시간이 지나야 합니다.

몸으로 익힌 것은
질기고 오래 갑니다.
좋은 것도 그렇고
나쁜 것도 그렇습니다.

이덕무

이덕무(1741~1793년)는 조선 후기의 학자이다. 호는 형암·아정·청장관이다. 지금의 국립도서관 같은 곳인 규장각에서 검서관으로 일하면서 많은 책을 연구했다. 유득공·박제가·이서구와 함께 《한객건연집》이라는 시집을 내어, 중국에까지 이름을 떨친 뛰어난 인물이다.

청장관전서

《청장관전서》는 이덕무의 글을 모은 책으로, 18세기의 사회를 연구하는 데 귀중한 자료이다. 이덕무의 실학 중심 학풍과 박학다식한 면을 보여주는 책이다. 《사소절》은 사람들이 일상생활에서 지켜야 할 예절에 관한 수신서이다. 《사소절》은 《청장관전서》에 실려 있다.

말은
마음을 드러낸다

❀   이 글은 안정복이 일상생활 중에 조심해야 하는 여섯 가지 일에 대해 쓴 것이다. 덕을 쌓기 위해서는 마음, 눈, 귀, 손, 발, 입이 함께 노력해야 한다는 내용이다.

옛 사람 중에서 덕행을 이루어 업적을 남긴 사람은 모두 강직하고 밝았다. 그런데 나는 타고난 성품이 어둡고 게으르며 조급하고 얕아 평생 동안 공부에만 힘을 쏟지 못해, 이미 나이가 늙었는데도 이룬 것이 없다. 더욱이 병을 얻어 스스로 포기한 지 10년이 넘었다.

안으로는 드러나지 않는 속마음에서부터 밖으로는 시각·청각·언어·동작에 이르기까지 모두 그 맡은 직분을 잃고 말았다. 이에 두려워 스스로 글을 지어 깨우치려고 한다.

나의 근본은 비록 고요하나,
내 몸은 느끼는 것이 많다.
고요할 때 보존하면
물처럼 담백하니
움직이면 살피되

낌새를 잘 살펴라.
어둡기 쉽고 혼란스럽기 쉬우니
언제나 조심하고
욕심을 끊고
온갖 잡념을 없애라.
깐깐한 조사관이 조사하듯 샅샅이 살피고
무엇 하나 남기지 말고
촘촘한 빗자루로 먼지를 쓸 듯 하라.
오랜 시간이 지나면 공부가 깊어져
나의 참마음과 참모습을 되찾으리라.

(이상은 마음)

착함을 보면 밝게 하고,
악함을 보면 어둡게 하라.
올바르지 않은 것은
사람의 마음을 갉아 먹나니
눈을 거두어들여
밖으로 내달리게 하지 말라.

(이상은 눈)

선을 들으면 귀를 세우고,

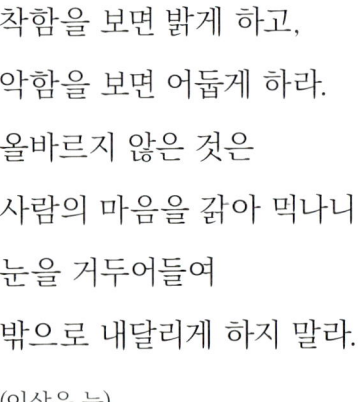

악을 들으면 귀머거리처럼 하라.
나쁜 소리는
사람의 참마음을 해치나니
귀를 거두어들여야
정신이 안으로 가득하리라.

(이상은 귀)

앉아서는 단정하게 두 손을 마주잡고
일어서서는 공손하게 손을 모은다.
망령스럽게 손가락을 가리켜 놀라게 하지 말고
경망스럽게 손을 놀려 체통을 잃지 말라.

(이상은 손)

법도에 맞춰 가고 법도에 따라 멈추니
적당하게 바르고 적절하게 천천히 한다.
신중을 기해 공경을 다하고
움직이되 위태로움이 많다는 사실을 두렵게 여겨라.

(이상은 발)

말로 마음이 드러나니
선악이 여기서 드러난다.

음식으로 몸을 기르나니
삶과 죽음이 여기에 달려 있다.
말을 삼가고 음식을 조절하라.

(이상은 입)

안정복《순암집》'여섯 가지 경계로 삼은 말'

이야기를 더하여

　안정복은 세월이 흐를수록 나태해지는 자신을 다잡기 위해 교훈이 되는 글을 지었습니다. 그 실천을 특별한 때에만 하는 것이 아니라 일상생활 속에서 해야 한다고 생각했습니다.

　마음, 눈, 귀, 손, 발, 입에 대한 경계하는 말을 늘 곁에 두었습니다. 마음을 고요하게 하고, 좋은 것만 보고, 나쁜 소리는 듣지 않고, 언제나 두 손을 모아 공손히 하며, 발걸음은 빠르지도 느리지도 않고, 입은 말을 삼가고 음식을 조절하고자 했습니다.

　병이 심해져서 죽음이 임박했을 때도 옆에 모시고 있던 사람에게 이 글을 찾아다가 침상 곁에 놓아두게 했다고 합니다. 이 모습만 보아도 그가 평소에 어떻게 하였는지를 짐작할 수 있습니다.

　말은 입으로만 하는 것이 아니라 온몸으로 하는 것입니다. 말은 평소에 먹은 마음이 밖으로 드러나는 것입니다.

말은 입으로만 하는 것이 아니라
온몸으로 하는 것입니다.
말은 혀끝으로만 하는 것이 아니라
삶으로 하는 것입니다.

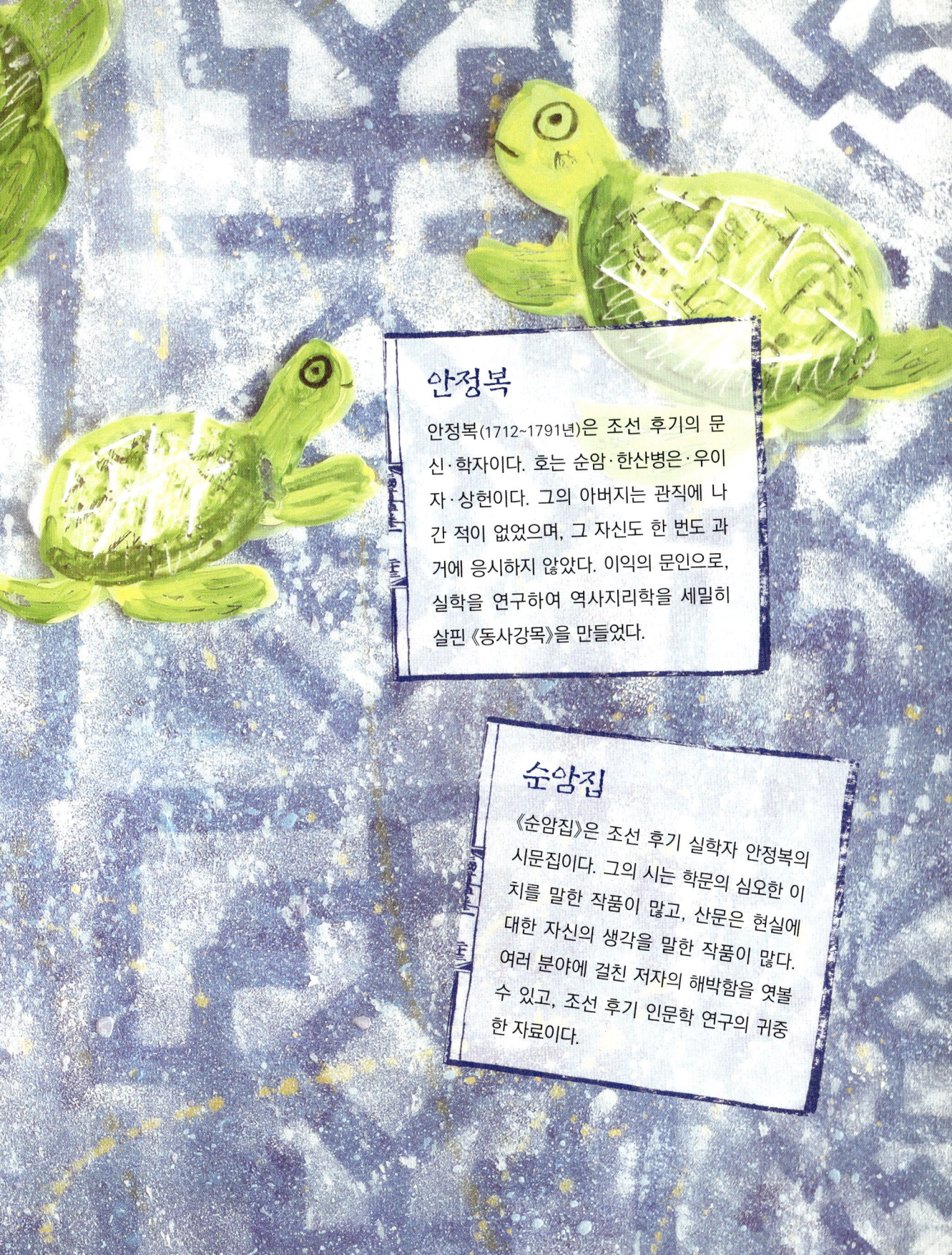

안정복

안정복(1712~1791년)은 조선 후기의 문신·학자이다. 호는 순암·한산병은·우이자·상헌이다. 그의 아버지는 관직에 나간 적이 없었으며, 그 자신도 한 번도 과거에 응시하지 않았다. 이익의 문인으로, 실학을 연구하여 역사지리학을 세밀히 살핀 《동사강목》을 만들었다.

순암집

《순암집》은 조선 후기 실학자 안정복의 시문집이다. 그의 시는 학문의 심오한 이치를 말한 작품이 많고, 산문은 현실에 대한 자신의 생각을 말한 작품이 많다. 여러 분야에 걸친 저자의 해박함을 엿볼 수 있고, 조선 후기 인문학 연구의 귀중한 자료이다.

친절한 그림 읽기

그림 작가 **한주리**

찍기 기법과 민화 속 동물들의 만남

전통문양과 동물의 조화로 전통의 아름다움을 재해석하였습니다. 복을 기원하고 장수를 염원하는 우리 선조들의 전통을 현대적으로 해석했습니다. 민화에 자주 등장하는 나비, 사슴, 수탉, 거북이, 잉어, 호랑이 등의 동물들을 통해 희망을 이야기하고자 하였습니다.

동물들을 묘사하는데 일부는 바늘땀으로 표현하여 다양한 재미를 주고 싶었습니다. 멀게만 느껴지는 전통을 친숙한 동물을 통해 어린이들도 공감할 수 있도록 하였습니다. 전통문양을 찍기 기법으로 표현하여 선조들의 마음을 나타내었습니다. 그림을 통해 우리 문화를 자연스럽게 이해할 수 있도록 돕고 있습니다.

잉어와 연꽃

수많은 잉어 중 가장 용감하고 지혜로운 잉어가 용이 된다는 등용문 이야기가 있습니다. 고요한 물 속을 묵묵히 헤엄쳐 나가는 잉어를 닮고 싶은 의미가 담겨 있습니다. 연꽃은 깨끗한 마음을 표현하는 동시에 활짝 피어올라 잉어를 응원하는 모습입니다.

우애 깊은 사슴

사슴 두 마리가 풀밭 위에서 마치 얘기를 나누듯 서로를 바라보고 있습니다. 이 모습은 깊은 우애를 뜻합니다. 작은 행복에도 만족하는 따뜻한 마음을 한가로운 오후의 풍경으로 그려냈습니다. 바늘땀은 사슴을 더욱 신비롭게 만들고, 매화가 두 사슴의 우애를 더욱 빛내고 있습니다.

거북이의 묘약

거북이는 무병장수의 의미를 나타냅니다. 거북이 입에서 주문처럼 묘약이 뿜어져 나오고 있습니다. 그 기운이 톡톡 터져 세상의 모든 병이 사라지고 사람들은 건강한 삶을 꿈꾸게 됩니다. 전통문양은 거북이의 묘약이 세상에 널리 퍼져 나가는 것을 표현한 것입니다.

한가로운 호랑이

밤하늘을 조용히 흐르는 구름과 호랑이가 담배 피우는 모습이 여유롭습니다. 호랑이는 용맹함은 잠시 접어두고 자유롭게 사색하고 있습니다. 민화나 공예품 그리고 전래동화에서도 자주 등장하는 호랑이는 친숙한 존재이며, 늘 우리를 지켜주는 동물이기도 합니다.

나비의 꿈

연꽃 문양은 그 향기를 내뿜으며 살아있음을 전합니다. 나비들이 춤추듯 노래하듯 자유롭게 날아다니는 모습은 즐거움과 행복을 상징합니다.

수탉의 여명

동이 트기 시작할 무렵 세상은 초록빛으로 물들고 있습니다. 밝음을 예고하듯 수탉의 움직임이 가볍게 느껴집니다. 수탉의 울음소리와 함께 새벽이 오고, 세상은 복이 가득합니다.

무병장수의 길

꾀를 부리지 않고 느리지만 열심히 전진하는 거북이의 마음을 표현하고 있습니다. 거북이가 가는 길은 무병장수의 뜻이 담긴 문양이 크게 자리 잡고 있으므로 좋은 일들이 가득할 것입니다.

물고기의 염원

물고기는 다복과 다산을 뜻합니다. 복을 나타내는 문양들이 바다에 풍덩 빠져들었습니다. 복의 기운이 넘쳐흘러 핑크빛으로 물들었습니다. 물고기들은 그 복을 받아 기운을 회복하고 희망차고 밝은 모습을 되찾았습니다.

새들의 합창

노란 하늘은 풍요로움을 뜻하며, 바람에 날아가는 구름모양의 전통문양은 신성함을 나타냅니다. 희망의 메시지를 전하는 새들은 서로 실로 연결되어 있습니다. 한 마음이 된 새들이 더 큰 희망과 행운을 우리에게 전해줍니다.